科學, 哲學, 神學의 아우름

과학적 유신론

科學, 哲學, 神學의 아우름

현대 과학의 철학적 이해에서
나타나는 신의 세계

───

오기환 지음

좋은땅

이 책을 통하여
평생 끊임없이 곁에서 함께하며 격려해 준 아내 여영과
사랑하는 가족들 하나와 동섭, 양호와 혜숙, 세원, 상원 모두에게
내 한평생 살아오며 얻어 온 지혜를
전합니다.

앞으로 100년 후 후손 중 어느 분이
이 책의 수정판을 마련해 주기를
기대합니다.

서문

　200여 년 전에 한문 서적『천주실의(天主實義)』가 청나라로부터 이 땅에 들어왔다. 이로부터 100여 년이 지난 구한말 왜정 초기에는 일본에서 발간된『진리본원(眞理本源)』이 들어와 한글로 번역되었다.『천주실의』는 유불선(儒佛仙) 동양 사상의 근원이 유일신(唯一神)으로 귀착됨을 설파하는 철학적 담론을 엮은 책이다.『진리본원』은 인간과 우주 만물의 존재와 변화 이치가 유일신에서 비롯됨을 설명하는 19세기 과학과 신학을 담은 계몽(啓蒙) 서적이었다. 이들은 유럽 선교사들이 극동 지역의 그리스도교 선교를 위해 마련한 교리(敎理)를 계몽하는 신학 입문서라고 볼 수 있다. 주자학을 대신할 통치 철학을 찾던 조선조의 실학 시대 선조들은『천주실의』속에서 그 진리를 알게 되었고, 구한말 이후 왜정 시대를 겪던 시절 서양 문명을 경외하며 개혁기를 살아간 선조들은『진리본원』속에서 신의 실재를 터득할 수 있었다. 200년 전에도 100년 전에도 어릴 때부터 한문과 유학(儒學)을 공부하여 이치와 논리에 해박했던 선조들이 신학 서적을 통해 신앙을 찾아 그 뿌리를 견고하게 드리웠던 것이다.

　인류 역사에서 과학과 신학의 관계는 19세기 이후 단절되었다. 한편 우리나라에서는 구한말 종교의 자유가 보장된 이후 지금까지 종교 서적들이 넘쳐 나고 있지만 신학이 아닌 신앙 서적들이 주를 이루고 있다. 선조들이 읽었던 위의 두 서적은 이제는 박물관이나 전문 도서관에서 찾아볼 수 있는 것이 되었다. 현대 과학을 공부하고 우주 탐험 뉴스를 수시로 접하며 무엇이든지 검색할 수 있는 현대인에게 두 서적은 너무 진부한 것이 되어 버렸다. 한편 오늘날 철학은 신학에 관심이 없고 과학은 과학적이 아니라는 이유만으로 신학을 도외시한다. 또한 신앙의 근본을 짚어 볼 수 있는 신학은 '신학자의 절반은 신앙이 없는 이들이다.'라는 우스갯소리가 나올 정도로 직업적 학문을 하는 이들의 전유물이 되어 있다. 이제 처음으로 신앙을 알아보고자 하는 현대인들에게 신학이란 매우 고매하고 전문적인, 아니 어쩌면 화석화된 고전 유물로 비춰진다.

20세기를 지나온 이 시대에 대중 매체를 중심으로 새로이 점화되어 타오르고 있는 과학적 무신론과 전통 신학의 대립은 현대인에게 어떻게 느껴질 것인가? 이 책은 이러한 공백을 메워야 하는 간절함에서 나타난 것이다. 신(神)을 찾아보고 확인하고 싶으나 무엇을 검색해 보아도 납득되지 않고 성에 차지 않는 현대인들에게 이 책이 그 갈증을 풀어 주는 한 잔의 사이다가 되기를 바란다.

이 책이 준비되기까지 대덕 연구 단지에서 오랜 삶을 함께해 온 지인들의 도움이 있었습니다. 제Ⅱ장에 수록된 현대 과학의 내용 중 물리 부분은 필자의 반평생 멘토이신 정규수 박사님이, 화학 부분은 유기 화학 분야 원로이신 박창식 박사님께서 리뷰해 주셨습니다. 두 분께 깊은 감사를 드립니다. 이 책에서 다루는 역사와 과학을 지나 철학과 신학에 이르고 있는 전 과정은 천주교회 대전교구 교구장이신 김종수 주교님께서 읽어 주셨습니다. 역사를 전공하시고 정통 신학의 권위자이신 교구장님의 혜안으로 원고를 읽어 주시고 출판을 격려해 주심에 진심으로 감사드립니다.

프롤로그

　노인의 일상- 모든 게 결말이 훤하게 보이니 새로운 것도 예쁜 것도 다 무상한 것이어서 그저 아프지 않고 편하게 하루하루를 살아가길 바랄 뿐이다…. 끝이 느껴지는 삶은 그럴 수밖에 없는 것일까? 우리에게는 그 길밖에 없는 것일까?

　성현들은 평생을 공부해도 끝이 없다 하고 어린아이에게서도 배울 게 있다고 했다. 세상에는 배울 것이 너무 많고 배울수록 모르는 것이 줄어드는 것이 아니라 점점 더 알기 어렵고 모르는 것이 끝없이 늘어난다. "왜?"라는 물음이 끝없이 계속되는 것이다. 하물며 그 물음이 "세상은 무엇이며 나는 무엇인가?"라는 데 이르면 "왜?"라는 물음의 갈증은 나에게 가장 심각한 것이 된다. 그 갈증을 해소하려고 근본 진리를 찾아 현상론적인 유희 속을 헤매다 보면 한없는 공부가 될 수밖에 없다.

　내 자신과 세상의 근본에 관한 물음은 인류 탄생 이후 계속되어 왔다. 특히 2,500여 년 전부터 기록으로 남기기 시작한 인류의 깨달음들은 서양에서는 유일신의 창조 신앙으로, 동양에서는 연기법과 공색 일체라는 부처님의 깨달음으로 나타났다. 그 이후 이 깨달음들은 인류 정신사의 주류를 이루어 왔다. 그러나 불가의 가르침에 정통한 이도, 그리스도교에 몰입한 이도 평범한 인간이 알아들을 수 있는 명쾌한 답을 주지 못하고 결국 "믿어라, 그리고 가르침대로 행하라."라는 똑같은 결론으로 돌아간다. 그래서 이들을 "믿어 섬김."이라는 뜻으로 신앙(信仰)이라고 하는가 보다. 왜 믿어야만 하는가? 그것은 진리가 인간이 이해할 수 있는 영역의 한계를 넘어섰기 때문일 것이다. 그렇기에 아직도 삼천 수백 년 전 청동기 시대부터 전해 내려온 히브리 민족의 설화를 읽으며 그 속에서 신의 계시(啓示)를 느껴 보려고 애쓰고, 실체를 파악하기 어려운 난해하고 알쏭달쏭한 화두(話頭)를 깨우치려고 참선하고 있는 것이다.

　세상과 나에 관한 질문의 진면목은 존재와 그 변화의 근본에 관한 질문에 있다. 이 질문에 대해 인간이 탐구해 온 학문 분야는 신학과 철학과 과학이다. 종교학 대사전에 의하면 신학에서 다루는 신앙과 교의(敎義, dogma)는 사실상 인간 본인에 관한 근원과 변화의 시종을 정의하는 것이다. 철학 사전에 의하면 철학은 자연 및 사회, 인간의 사고, 그 지식 획득 과정에 관한 일반적 법칙을 연구하는 과학이다. 즉 자연과 인간(사회)의 근본을 설명할 수 있는 법칙을 탐구하는 학문이다. 물리학 백과사전에 의하면 물리학은 물질의 구성과 성질과 변화, 에너지의 변화 등을 연구하여 자연을 이해하는 학문이다. 그런데 인간도 물질과 에너지로 이루어진 물리적 실체이다. 결국 신학, 철학, 물리학은 각각 관점의 차이는 있지만 이 세상 존재의 근본과 변화의 근원에 대한 탐구라는 공통의 목표를 추구하는 학문이다.

　우리는 몸으로 직접 만지고 느끼는 물리 세계가 실재(實在)하는 세계라고 생각한다. 그래서 철학이나 신학에서 취급하는 관념 세계를 실재하는 세계라고 느끼지 못한다. 따라서 관념적 학문의 결과들은 좋은 말씀들이지만 믿어야만 하는 근거는 없다고 생각한다. 그런데 물리학을 공부하여 자연을 이해했다고 해도 인생을 살아가는 우리 마음의 답답함은 해소되지는 않는다.

인간에게 가장 큰 소망은 이 세상에서 늙지 않고 영원히 그것도 행복하게 사는 것이다. 그러나 인간이 생겨난 이래 삼백 수십만 년 동안 이를 달성한 이는 없다. 영원히 행복하게 살 수 없기에 인간은 막막함에 도대체 이 세상과 내 자신이 무엇인지를 알고 싶어 한다. 그래서 이 질문은 모든 형이상학적인 질문의 핵심인 것이다. 그러나 우리 삶의 현실은 이 질문을 도외시하는 경우가 많다. 먹고살기 위해 분주하게 일해야 하는 젊은 이들은 그럴 시간이 없다. 시간이 많은 은퇴한 노인들은 어릴 적 친구부터 직장 동료에 이르기까지 매우 다양한 사람들과 교류할 기회는 많지만 이러한 근본적인 질문들은 거의 소통의 주제가 되지 못한다. 그 이유는 바로 이 질문이 개개인 삶의 가장 비밀스러운 원천인 인생관과 종교관에 관한 질문이 되기 때문이다. 대부분 사람들은 '이 세상과 나는 무엇인가?'라는 화두를 애써 자신만의 숙제로 마음속 깊이 파묻고 일상을 살아간다. 그러나 이 화두는 삶이 힘들고 지칠 때마다 가슴 저 깊은 곳에서 다시금 스멀스멀 살아나 힘들고 지친 마음을 온통 점령해 버리는 괴물이다.

얼마 전부터 젊은이들 사이에 "이생망"이라는 단어가 통용되고 있다. "이번 생은 망했다."라는 말의 줄임말이란다. "이번 생"이란 불교와 인도 지역 종교에서 말하는 윤회에서 나온 말인데 안타까운 것은 다음 생을 바라보며 이승을 하직하는 이들이 자주 나타난다는 것이다. 이는 인간의 가장 큰 욕망인 삶을 포기하는 것인데 과연 이들이 극단적인 선택을 하기 전에 얼마나 심각하게 다음 생의 확실성을 확인했을까? 철학의 근본 질문인 세상과 만물, 나 자신에 대해 너무도 안이하고 무관심한 것이 아닌가? 사실 대부분 사람들은 이 문제를 "가장 중요한 문제"이지만 "해답이 없는 문제"라고 생각한다. 그래서 공교육에서 이 문제를 다루지 못하는 것인가 보다.

이 책은 이 끝없는 물음의 쳇바퀴를 가로질러 직선으로 물음의 핵심에 다가가고자 하는 소망을 담은 책이다. 이 세상은 시간과 공간 속에서 물리적 실체가 존재하며 상호 작용으로 변화되는 곳이다. 능력이 유한한 인간이 객관적으로 확증하며 이해함으로써 지름길로 진리에 이르는 길은 물리적 실체를 다루는 과학이다. 현대인은 난해한 질문의 끝에 빠짐없이 "과학적으로 증명된 것이야?"라고 묻는데, 이 질문은 거의 모든 관념적 학문을 허탈하게 만드는 마약과 같은 질문이다. 이러한 과학의 위력 때문에 과학적인 검증이 되지 않는다는 이유로 신을 믿지 않는 이가 많다. 또한 19세기에 나타난 유물론은 근대 과학이 찾아낸 기계적 우주관을 토대로 구축되었기에 공산 사회주의라는 이름으로 현대 사회에까지 깊은 명암을 드리우고 있다.

과학에서 출발하여 철학과 신학의 근본을 이해할 수 있다면, 그래서 우리가 마음속에서 찾고 있는 실재(實在)하는 무형의 세계에 이를 수 있다면 그것은 지금까지 관념론(觀念論)에만 안주해 온 믿음에 답답함을 느끼는 현대인에게 새로운 돌파구가 될 것이다. 그런데 시중에서 과학과 신앙 또는 신학이 대립적인 것으로 인식되는 현실이 안타깝다. 많은 이들이 과학의 이름으로 유신론을 거부하고 종교계에서는 과학적 무신론의 한계성을 강조한다. 심지어 이러한 쌍방 논란이 "세계관의 전쟁"이라는 거창한 용어로 포장되기도 한다. 과학을 그리고 과학적인 방법론을 가장 신뢰한다면, 그리고 영원한 생명의 원천이라고 하는 신의 실재에 관한 질문이 그리도 중요하다면 우리는 과학과 신학을 최선을 다해 깊이 살펴보아야 할 것이다.

이 책의 중심으로 삼는 과학은 신학과 철학에서 공통적으로 추구하고 있는 '세상과 나의 정체'에 접근할 수 있는 기초 과학 분야이다. 그중에서도 "이 세상"이라고 부르는 시간과 공간 그리고 "만물"이라고 부르는 물리적 실체와 그 변화를 중점적으로 살펴볼 것이다. 과학 발전이 향하고 있는 방향에 기초하여 관념적인 추론 작업을 다룰 이 책은 교과서가 아니다. 따라서 과학에 관한 설명은 과학 발전 현황을 가늠하고 그 의미를 상식적인 개념 수준에서 공감할 수 있는 내용으로, 역사적인 내용은 세 가지 학문의 발전 역사에 깃든 상호 영향의 파급에 관해서만 기술될 것이다.

IT가 발달된 요즘 세상에는 모든 게 '검색하면 다 나오는' 세상이다. 이 책의 제Ⅰ장과 제Ⅱ장 그리고 모든 용어와 모든 인명과 그들의 업적과 어록들은 휴대 전화만 가지고도 즉각 검색할 수 있는 것들이다. 그러나 제Ⅲ장과 제Ⅳ장의 내용들은 검색할 수 있는 것들을 이리저리 종합해 가며 '왜?

그런데 또 왜?'라는 오랜 세월 반복된 질문 속에서 얻어져 온 것들이 융합된 상태로 나타난 것이다. 필자에게 나타난 그대로 독자에게 전하는 이것은 지식이 아니다. 우리는 검색을 통해 지식을 찾을 수는 있으나 지혜는 찾을 수 없다. 우리의 마음을 채울 수 있는 것은 지혜이지 지식이 아니다.

이 책에서 추구하고자 하는 우리의 질문은 단순하다.

"신(神)을 봤어? 과학적으로 검증된 거야?"

차례

제 I 장

과학, 철학, 신학
– 관계의 역사

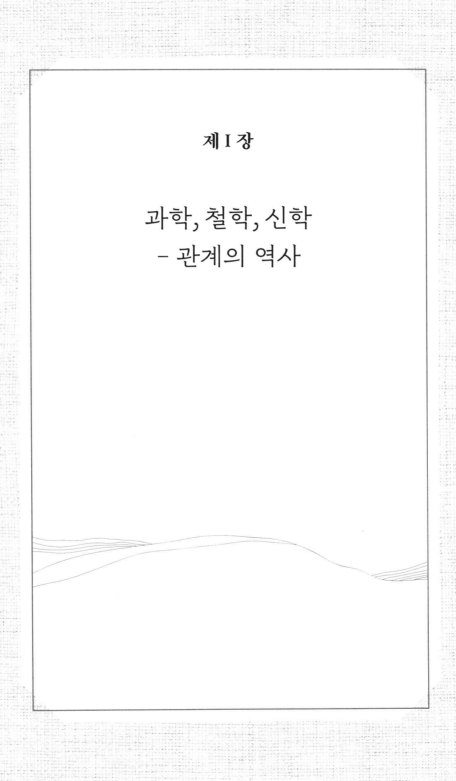

1
일란성 쌍둥이

　워싱턴 DC에는 미국의 자연사 박물관이 있다. 30여 년 전에 가 보았던 박물관 안쪽 깊숙한 곳에 위치한 고대 전시장에는 2만 년 전쯤 멸종한 네안델타르(Neanderthal)인의 장례 의식이 재현되어 있었다. 죽은 이를 매장하기 위해 땅을 판 움푹 들어간 구덩이에 시신이 안치되어 있고 짐승 털가죽 옷을 걸친 산 자들이 막대기와 몽둥이를 들고 시신 주변을 에워싸고 소리를 지르고 몸짓을 하는 모습이다.

　세계 곳곳에 산재한 원시 벽화들에는 수렵 도구와 같은 연장을 들고 있는 고대 인간의 모습이 흔하게 관찰된다. 고인돌이나 선돌처럼 사자를 장례 지낸 또는 제신 의식을 지낸 거석문화 등 많은 유적들도 세계 곳곳에 산재하고 있다. 교통은 물론 원거리 의사소통이 불가능했던 고대에서 만들어진 이 모든 유적들에는 한결같은 공통점이 있다. 그것은 인류 탄생 이후 인지의 발달과 함께 삶의 도구를 자연 법칙을 이용하여 만들어 왔고, 죽은 자들과 자신들을 위해 자신들이 섬기는 그 무엇에게 기원해 왔다는 사실이다. 이는 바로 과학 기술과 신앙이 원시 인류 시대부터 세계 곳곳에서 거의 같은 시기에 생겨났고 인간의 생존과 안녕을 위해 공영

되어 왔다는 것을 보여 준다.

　거대한 자연 속에서 견뎌 내며 생존해야 했던 인간은 나약하기만 한 자신을 돌아보며 처음부터 두려운 마음으로 자연을 접하였다. 그 두려움은 자연에 대한 신앙으로 발전될 수밖에 없었다. 또한 왜소한 체구와 열등한 체력으로 생물의 먹이 사슬 속에서 살아남기 위해서는 자신의 가장 큰 장점인 생각하는 능력을 이용하여 도구를 만들고 개량하는 과학 기술에 의존할 수밖에 없었다. 즉, 신앙과 과학 기술은 인류의 시작과 함께 함께 태어나 일란성 쌍둥이가 된 것이다. 이러한 신앙과 과학 기술의 동거는 이미 고고학계는 물론 과학계에서도 상식으로 정립되어 있다. 2018년 세계 문화유산에 등재된 터키의 1만 년 전 유적인 괴베클리 테페(Goebekli Tepe)에 대한 발굴 연구는 수천 년 간 T자형 거석들을 이용한 시설을 지어 온 초기 신석기 시대의 삶에 깃든 과학 기술과 종교 의식의 공존을 잘 보여 주고 있다.

　원시 인류의 신을 섬기는 경신 의식과 과학 기술은 오랫동안 인류의 지적 능력을 대변하는 도구로써 인류가 만물에 대한 우위의 지위를 확보하고 번성할 수 있는 힘이 되어 왔다. 통치자에게는 통치권의 확보와 유지를 위해 여러 가지가 필요하였다. 집단의 번영과 길흉화복 예측을 위한 점성술, 식량 생산을 위한 기후 예측, 책력 작성, 치산 지수는 물론 세금 배분과 측량, 통치권 과시를 위한 제정일치 사회의 거대한 의식을 위한 건축 토목, 적과 싸워 이기기 위해 필요한 무기와 전쟁 도구의 개발 등이었다. 따라서 통치권자에게는 신을 섬기는 것과 과학 기술은 생존은 물론 종족 보전과 통치권 유지 강화에 가장 중요한 재산으로 취급되어 왔다. 경신 의식과 과학 기술은 원시 부족의 통치자 자신 또는 소위 주술사라고 하는 담당 전문가의 통합된 하나의 업무로부터 시작되어 온 것일 것이다.

멕시코 유카탄 반도에 남아 있는 마야(Maya) 유적 피라미드들은 피라미드의 최상층에서 인신 공양이 행해졌던 제신 의식 유적이다. 그들은 인신 공양이 행해지는 피라미드를 중심으로 도시를 건설하여 그 주변에 살았다, 인신 공양의 제신 의식은 멜 깁슨(Mel Columcille Gerard Gibson, 1956~)이 감독한 영화 아포칼립토(Apocalypto, 2007년작)에 그 처참한 참상이 잘 묘사되어 있다. 그런데 어떤 피라미드 건물은 신비한 마야 달력과 함께 건물의 위치와 방향은 물론 매년 특정 날짜에 지는 해의 실루엣이 피라미드의 울퉁불퉁한 모서리를 뱀이 승천하는 모습으로 보이게 하는 기막힌 천문학적, 수학적 및 건축학적 기술의 높은 수준성과 정교함을 보여 주는 유적이다. 과학과 신앙은 온 백성을 정치적으로 통합하는 통치술의 양 날개로 사용된 것이다.

동서를 막론하고 세계 모든 문명에서 '하늘로부터 받은 통치권'이라는 신탁(神託)을 가장 큰 무기로 내세우는 고대 제국의 통치자들에게는 과학과 신앙은 보호하고 육성해야 하는 것이었다. 그들은 통치권 유지를 위해 신의 자손으로 자신을 부각시키며 그러한 상징물로 거대한 건축물을 지어 왔다. 4대 문명 발상지를 위시하여 세계 곳곳에 남아 있는 고대의 거대 유적들은 이러한 목적으로 생겨난 것들이다. 고대 문명 유적들을 건립하는 데에는 공학 기술적인 솜씨뿐만 아니라 정교한 거대 규모를 산출하기 위하여 기하학을 기반으로 한 설계 기술이 사용되었다.

과학 기술은 국가의 생존 또는 세력 확장을 위한 또 하나의 수단인 전쟁 도구의 핵심을 이루었다. 칼과 창을 만들고 보수하는 대장장이들은 전쟁을 수행하는 핵심 인력에 속하였다. 그들의 업적은 역사에 남아 있는 주요 전쟁에서 항상 승리의 핵심 요소로 작용해 왔다. 신무기를 먼저 개발하여 전력화하는 왕조는 당시대의 패자로 등극하곤 했다. 중국의 최초 통일 왕조인 진(秦)의 시황제는 세계 최초로 녹슬지 않고 날이 서 있게 하는 제강 기술(크롬강에 해당됨.)을 개발했다. 로마 군단의 전쟁 현장에는 이미 공병 기술 부대가 편성되어 있었다. 이러한 전쟁의 과학 기술 리더십은 제2차 세계 대전을 일으켰던 독일의 전차와 일본의 제로센 전투기는 물론, 1991년 구소련 연방을 해체로 이끈 미국의 "별들의 전쟁" 국방 기술 개발 프로젝트도 그러하였다. 현재 극초음속 미사일과 인공지능 개발에 각축을 벌이고 있는 미국과 중국 및 러시아는 이러한 인류의 오랜 역사적 전통의 연장선상에서 이해될 수 있다.

한편 이들 고대 문명들은 생존권이 강화될수록 항상 영원히 사는 것 즉, 영생을 추구해 왔다. 세계 곳곳에서는 영생을 위해 마련한 사후 세계의 모습들이 발굴되어 왔다. 이집트의 피라미드와 미이라는 물론 진시황릉과 같은 거대한 장묘용 지하 도시와 죽은 자의 영생을 위해 부장된 일상 용품들은 고고학자들의 중요한 연구 대상물이다.

이렇듯 과학과 신앙은 인류가 사회 공동체를 이루고 살아가는 생존 투쟁에서 자연 발생적으로 체득된 것이었다. 신앙은 영원한 생존을 추구하는 인간 욕구의 지향이었으며 과학 기술은 인간의 지적 능력으로 이를 구현하는 도구였던 것이다. 인류 탄생 초기부터 원시 부족 사회를 거쳐 국가 문명 건설에 이르기까지 신앙과 과학 기술은 함께 태어나 숙명적인 동거를 해 왔다.

세계 곳곳에서 시작된 문명 발생을 연구했던 아놀드 토인비(Arnold Joseph Toynbee, 1889~1975)가 18년 동안 저술했던 『역사의 연구(A Study of History)』에는 인류 역사를 "자연의 도전에 대한 인류의 응전"이라고 요약한 바 있다. 이는 바로 영원한 생존과 번영을 추구하는 인간의 본능을 구현하기 위해 험난하고 다양한 생존 여건 변화를 신앙을 통해 다른 한편으로는 과학 기술을 통해 극복해 온 인간의 응전이었다는 통찰인 것이다.

2
갈등

가. 갈등의 동력

뇌 과학은 과학 기술 중에서도 가장 발달이 더딘 분야이지만 현대에 들어와 상당한 진보를 이루고 있다. 최근 정설로 확립된 바에 의하면 다른 생물에 대비하여 매우 탁월한 인간의 두뇌 능력은 두 가지 특이한 생각하는 방식인 메타(meta) 인지(認知) 능력과 회귀적(回歸的, recursive) 사고 능력에 있다는 것이다. 메타 인지 능력이란 생각하는 대상에 대한 관점을 한 차원 높은 관념적인 견지에서 취급하는 것이고 회귀적 사고방식은 새로이 체득한 정보나 생각을 회귀적으로 재입력시켜 지속적으로 정보를 업데이트시키며 종합해 가는 방식이다. 이 두 가지 생각하는 방식의 융합은 인간으로 하여금 부단하게 새로운 것을 새로운 관점으로 찾아나서게 하는 원동력으로 작용한다. 인간은 타고난 자신의 지적 능력으로 끊임없이 연구하여 새로운 것을 찾아간다. 인간은 이 두 가지 사고 능력으로 인류 탄생 이후 모든 생물의 포식자로서 자리매김했지만 한편으로는 이 사고 능력은 원시 부족 사회로부터 함께 공존해 온 신앙과 과학 기술의 갈등과 분화를 일으키는 원동력으로 작용하게 된다.

인류가 탁월한 두뇌 능력으로 깨달은 모든 것의 근간이 되는 것은 바로 인과율(因果律)이었다. 인과율은 인간 생활 주변의 물리적인 변화 현상과 인간 자신의 생로병사는 물론 관념적이고 감성적인 희로애락까지도 포괄적으로 인과응보라는 개념으로 발전되었다. 특히 인과율은 천문 운행과 기후 변화 및 대응을 중심으로 하는 자연 법칙 탐구의 근간을 이루는 큰 깨달음이었다. 또한 인과율은 신앙의 관념적 체계화 즉 종교화의 근간이 되어 '섬김'에 대한 '시혜(施惠)'라는 신앙의 기본 틀이 세워지게 되었다.

나. 갈등의 시작

조금 더 쉽게 그리고 조금 더 확실하게 영원을 지향하는 생명과 안녕을 확보하고 유지하기 위해 인류는 지속적으로 노력해 왔다. 자신의 탁월한 지적 능력으로 기후 변화, 일식, 월식 그리고 혜성의 출현 같은 길흉화복의 지표라고 생각해 온 현상들을 논리적으로 연계하며 추적하였다. 오랜 세월 쌓여 온 자연 질서에 대한 경험의 융합을 통하여 인간은 그동안 이해할 수 없고 예측할 수 없기에 신앙 영역으로 다루어 왔던 자연 현상들을 점차적으로 과학 지식으로 설명하게 되었다.

신앙과 과학 기술의 결별의 역사는 아이러니하게도 신앙과 과학의 융합 과정에서 태어난 것이다. 원시 인류부터 시작되어 지금까지도 '섬김과 시혜'라는 관계로 맺은 신앙에 인간은 가장 소중한 것을 자신이 섬기는 신에게 바쳐 왔다. 그중 고대에서 가장 극적인 것은 아마도 눈에 넣어도 아프지 않을 어린 딸이나 아들을 인신 공양하는 문화일 것이다. 이것은 인간이 자신의 능력으로는 어찌할 수 없는 생존 환경의 극복을 위해 최선을 다하는 처연한 모습이기도 하다. 어느 역사에서나 통치자의 측근에서 경신을 담당해 온 예언자나 주술사 같은 전문가 집단은 이토록 처연하고 준엄한 상황을 책임지는 막중한 임무를 가지고 있었고 상황이 여의치 않았을 경우 가끔 예언자 집단은 도륙(屠戮)당하는 참극이 일어나기도 했다. 따라서 경신을 담당하는 집단은 미래를 정확하게 예측하고자 엄청난 노력을 할 수밖에 없었고 그 과정에서 밤을 새며 천문, 지리, 기후 등 관련 현상에 관해 면밀하게 관찰하고 이를 바탕으로 머리를 쥐어짜는 철저한 관념적 추론 작업을 되풀이하는 노력이 대대로 이어져 오게 되었다. 이를 통해 얻어지고 전승된 결과는 결국 과학과 철학이라는 유산으로 남게 되었다.

BC 6000년 이상 소급되는 메소포타미아(Mesopotamia) 문명은 초기 수메르(Sumer) 문명 시대부터 인간적인 신을 중심으로 하는 창조와 홍수 설화를 전하고 있고, BC 3000년경부터 시작된 이집트(Egypt) 문명은 피라미드(Pyramid)와 미이라가 상징하는 신과 내세를 중심으로 하는 문명으로 시작되었다. BC 3000년경 시작된 인도 문명은 초기부터 신상(神像) 유적을 보여 주고 있으며, BC 1500년경에는 신들을 찬미하는 리그베다(Rigveda)라는 경전을 가지고 있었다. 그중 우파니샤드(Upanisad) 철학 주석은 인과율에 인과응보를 기반으로 하는 종교 철학적 관념은 물론 세상을 구성하는 기본 요소에 관한 물리학적인 견해도 포함되어 있었다. 인도 철학은 후대에 와서 불교 탄생의 배경을 이루게도 되었다. 특히 불교 철학은 인도의 수학 개념을 원용하고 있다고 한다. 중국에서는 이미 BC 2000년경 시작된 하, 은, 주 고대 시대부터 통치자를 인격적 신이라는 '상제(上帝)' 개념으로 설정하였고 고대 중국의 패권을 장악한 주(周) 왕조에서는 왕권신수설을 합리화하는 과정에서 '하늘과 사람이 합해진다.'라는 의미의 천인합일(天人合一)이라는 종교 사상을 확립하였다. 이로써 하늘과 왕조를 동시에 섬기는 종교 사상과 효도 개념이 나타났고 이것이 논리화되며 노자의 도(道) 사상과 정치사상으로 발전하였다. 이어 BC 5~6세기 이후에는 공자와 제자백가가 나타나고 유가(儒家)의 관념론을 이루게 되었다. 노자의 도 사상에는 이미 '도에서부터 만물이 생겨난다.'는 과학적 개념의 우주 생성론이 포함되어 있었다.

세계 4대 문명 중 인류 전체의 역사를 리드해 온 철학과 과학의 중심축은 메소포타미아 문명과 이집트 문명을 융합시켜 발전시켜 온 그리스(Greece)에서 시작되었다. 바빌론(Babylon) 문명과 천문과 수학 등 과학 지식에 기반을 둔 이집트 문명의 융합인 그리스 문명은 BC 6~7세기경 밀레토스(Miletus) 학파가 선구를 이루며 신화로부터 과학으로의 이전을 의미하는 '세상의 근본 물질'에 대한 사유를 중심으로 시작되었다.

科學, 哲學, 神學의 아우름

3
결별

세계 4대 문명 발생권을 중심으로 하여 각 지역마다 신적 문화와 철학적 또는 정치 사회적 상호 작용이 이루어져 왔으나 과학 기술 발전이 주도하는 역사 전개의 씨앗은 그리스 철학에서 파생된 것이다. 풍요로웠던 그리스 사회의 자유 분방성은 신적 존재와 그 속성을 이해하기 위한 다양한 사유의 장을 여는 토대가 되었다. 이는 초기부터 관념론은 물론 물질적이고 유물적인 철학의 발전까지 이루어 내는 바탕이 되었다. 이로써 본격적인 철학은 물론 수학과 기하학을 중심으로 하여 진리를 탐구하는 과학의 발달이 시작되었다.

철학과 과학의 시작은 고대 사회를 지배하는 이념의 배경을 이룬 신의 존재와 그 속성을 더 확실하게 알고자 하는 필요성에서 비롯된 것이었다. 이후 BC 5세기 그리스 시대 이후 19세기 말까지 르네상스(Renaissance)와 산업 혁명의 역사 전개에서 비롯된 근대 철학과 미분학을 시초로 발전된 근대 수학의 발전을 거치며 철학과 과학은 오늘날 현대 문명사회를 건설한 모든 분야의 골격을 이루게 되었다. 이는 이집트 문명과 메소포타미아 문명을 계승한 그리스 문명이 지중해권에서 그 꽃을 피운 후 이를 계승한 로마(Rome) 문명은 유럽권으로, 그 후 이를 이어 받은 그리스도교 문명이 세계를 주도하게 되었다.

BC 6세기를 전후하여 중근동에서 나타난 히브리인(Hebrew)들의 유일신 신앙 경전의 발달, 그리고 비슷한 시기에 인도에서 나타난 석가(釋迦)의 가르침과 불교 경전의 발달은 각각 서양과 동양의 대표적 종교로 발전하여 문명과 정신을 아우르는 주축으로 등장하였다. 이들은 산업 혁명과 근세 시민 혁명에 이를 때까지 사실상 인류의 유산인 제정일치 관습이 보전되는 근간으로 작용해 왔다.

그러나 문명 발전에서 신의 영역인 종교의 영향력을 잠식해 온 역사는 동서양이 서로 다른 모습으로 나타나게 했다. 서양에서는 과학 기술 발전이 주도가 되어 그리스도 교회의 영향력을 잠식해 왔고 동양에서는 중국의 재래 사상들이 융합되어 발전한 철학인 성리학이 주도가 되어 불교의 영향력을 잠식해 왔다. 성리학에서는 존재의 근본을 다루는 태극론(太極論)과 법칙과 물질의 구현을 다루는 이기론(理氣論) 및 사람의 마음과 감정을 다루는 심성론(心性論)이 함께 어우러진 철학적 주제를 정성적 논리로 접근해 왔다. 이는 자연의 변화에 대한 과학적 관측과 정량적인 수리 논리를 수단으로 자연 법칙의 진리 터득에 집중해 온 서양과는 대조적이었다. 이러한 동서양 정신사 발전의 차이에 의해 과학과 신학의 관계는 서양 중심의 역사 발전 과정에서 보다 뚜렷하게 나타났다. 표 1에는 그리스 시대 이후 현재까지 서양에서 이루어진 신학과 철학과 과학의 발전 역사가 대비되어 있고 그들 사이에 서로 영향을 주고받은 상호 연계이력이 정리되어 있다.

　제정일치 시대 신과 일치된 통치자의 통치 행위에 가장 큰 영향을 주는 것은 천문 현상이었다. 천문 현상은 농업과 목축을 위시한 먹고사는 모든 분야에서 인간 삶의 근본을 제공하는 것이었다. 백성들은 당연히 천문 현상의 주인이라고 여겨 온 신은 물론 신과 일치되어 절대 통치권을 위임 받은 통치자의 통치에 맹종하여야 했다. 따라서 천문 현상의 올바른 이해와 그 활용은 통치자에게 가장 중요한 통치권의 원천이었다. 로마 시대 이후 그리스도교 문명권에서는 천문 현상을 인격적인 창조주의 인간에 대한 시혜(施惠)로 이해해 왔다. BC 6세기경 편집된 구약 성경의 창세기에서는 천문 현상을 천동설(天動說)로 설명하고 있다. 천동설은 우주 중심에 위치한 원판 형태의 평면인 지구 위를 돔 형태의 천구 구면이 덮고 있고 이 구면 상에서 해와 달과 별이 오고 간다는 것이었다. 이 믿음은 교회가 정치를 지배해 온 중세 봉건 시대까지 이어져 내려왔다. 그러나 통치자를 위해 헌신적인 천문 관측을 수행해 온 학자들은 이미 그리스 시대부터 천동설의 불합리성을 느껴 왔고 이는 아리스토텔레스(Aristoteles, BC 384~322)의 자연론 등 그리스 시대의 고대 기록으로도 남겨져 왔었다.

표 1-1 과학, 철학, 신학- 그 얽힘의 역사

구분	고대	중세	근대	현대	현재
신학	범신, 신화, 제정일치 최고신론 (종교의 80%) - 브라만, 힌두교, 불교 - 야훼, 유다교, 이슬 람교, 그리스도교	종교-철학 공동 발전	과학에서 유발된 철학과 그리스도교 신학 갈등 (타종교에는 신학 -철학-과학의 얽힘 부재) 제1차 바티칸공의회 신스콜라 철학 레오 9세 교황 레오 13세 교황 *시대의 오류 회칙	과학을 반영한 철학 과 그리스도교 변화 제2차 바티칸공의회 요한 23세 교황 *진화적 창조론 떼아드르 샤르뎅 *빅뱅 이론 조르쥬 르메뜨르	종교와 과학의 관계 모색
관계	철학은 신학의 도구	철학은 신학의 도구	철학의 신부정. 신학의 철학 대응	철학 자체 진리 부정 신학의 과학 포용	신학의 과학 포용
철학	스토아 철학	스콜라 철학 *신학대전 토마스 아퀴나스	*이신론 *스피노자의 신 (범신론) 이성주의 계몽주의 유명론 *포이에르바하 (신 부정) 실존 철학 현상론 유물론 *실천적 유물론	관념 철학의 퇴보 현대 철학 (사회학적 현실 이슈와 지역 중심 40여 개 학파)	과학적 방법 도입, 검증 가능 범주, 지역주의 분할, 실천 이데올로기 중심
관계	과학은 철학의 도구	과학의 신학 도전	과학의 철학 탐구 침묵	과학의 철학 관념 근거 부정	과학의 신 부정
과학	기하학	*지동설 천문학 코페르니쿠스, 갈릴레오, 케플러	*최소 작용 원리 모페르튀 고전 역학 뉴턴, 라이프니츠, 라그랑지, 해밀턴	*시간/공간 가변성 *존재의 우연성과 불가측성 상대론 아인슈타인 양자론 드브로이, 하이젠버그, 슈뢰딩어, 디락	*초끈 이론 *우주론(급팽창, 다중 우주) 과학적 무신론 확산 *생물학/뇌 과학/ 인류학 기반 스텐저, 도킨스, 토미셀로

科學, 哲學, 神學의 아우름

14~16세기 해상 무역으로 축적된 자본에 의해 인본적인 문화의 싹을 틔운 르네상스(Renaissance) 시대가 시작되면서 유럽은 중세 봉건 시대를 벗어나게 되었다. 그때까지 교회 중심의 철학이었던 신을 중심으로 하는 사념적인 스콜라(Schola) 철학에 대응하여 아리스토텔레스(Aristoteles)의 자연학에 뿌리를 둔 인간과 자연을 위주로 한 자연 철학이 다시금 관심을 받는 시대가 온 것이다. 코페르니쿠스(Nicolaus Copernicus, 1473~1543)는 1530년경 이 자연 철학 사조에 입각하여 천문 현상을 재해석한 과학자이자 교회 사제였다. 그는 고대 그리스의 문헌을 공부하여 천문 관측에서 행성이 천구 상을 역행하는 현상을 추적하고 수학적 논리를 이용하여 천동설을 대체하는 지동설(地動說)을 수립하였다. 그러나 코페르니쿠스는 이를 발표하지 않고 교회와의 대립을 야기할 사안을 피하며 교회에 충실한 사제로서 일생을 마쳤다. 코페르니쿠스의 업적은 친구들이 그의 임종 직전에 발간해 준 1548년도 저서『천체의 회전에 관하여』로 세상에 알려지게 되었다. 그러나 코페르니쿠스의 지동설을 추종한 갈릴레오(Galileo Galilei, 1564~1642)가 "그래도 지구는 돈다."는 말을 남겼다고도 전해지는 교회 재판 이후 1616년 코페르니쿠스의 저서는 교황청의 금서 목록에 오르게 되었다.

　코페르니쿠스의 지동설은 비록 갈릴레오가 교회 재판에서 그의 주장을 포기했음에도 불구하고 고대로부터 17세기까지 존속해 온 그리스도교 신학의 전통적 우주관, 즉 창세기라는 그리스도교 성경에서 문자로 표현하고 있는 우주의 모습을 부정하는 최대의 사건이었다. 이로써 르네상스에 의해 시작된 인본적 이고 자연적인 철학 사조는 과학의 혁명적인 성과에 힘입어 활발하게 성장하는 전기가 되었다.

코페르니쿠스가 제시한 태양을 중심으로 하는 행성들의 원 궤도 운동이라는 지동설은 화성의 이동에 관한 관측 결과를 재현하는 운동 특성을 타원 궤도 방정식으로 설명한 케플러(Johannes Kepler, 1571~1630)에 의해 더욱 정확한 수학적 표현으로 보완되어 케플러 법칙이라는 이름이 붙여졌다. 그런데 케플러의 법칙들을 유도해 낼 수 있는 더 근본적인 만유인력 법칙이 1687년 뉴턴(Isaac Newton, 1642~1727)에 의해 제시됨으로써 비로소 행성 운동의 정체가 만유인력이라고 하는 두 물체 사이에 작용하는 힘에 의한 것임이 밝혀지게 되었다. 뉴턴이 세상을 떠날 즈음 과학적 사고에 입각한 철학 연구로 근현대 철학의 시조가 된 임마뉴엘 칸트(Immanuel Kant, 1724~1804)가 태어났다.

뉴턴은 역사상 철학과 신학을 과학적인 안목으로 가장 깊이 연구하려 한 학자였다. 라틴어(Latin)로 저술된 프린키피아(Principia)라고 부르는 뉴턴의 만유인력을 기술한 책의 제목이 『자연 철학의 수학적 원리(Philosophiae Naturalis Principia Mathematica)』라는 것에도 이러한 분위기가 느껴진다. 뉴턴의 근본 관심은 신학이었고 신학을 연구하기 위해 과학을 연구했으며 다시 과학을 깊이 연구하기 위해 수학을 연구하였다. 뉴턴은 수학의 미분학을 발명하고 이어 과학에서는 만유인력 법칙과 힘과 운동의 관계를 정립한 운동 법칙을 발견하였다. 그러나 정작 뉴턴은 신학에 관한 논문은 한 편도 발표하지 못했다. 그는 아마도 자기가 찾아낸 수학이나 과학의 지식으로는 신에 대해 논의하는 것이 너무 부족

科學, 哲學, 神學의 아우름

하다고 생각했던 것이 아닌가 싶다. 사실 현시대 영국의 대표적 우주 물리학자로 인정받았던 블랙홀의 전문가 호킹(Stephen William Hawking, 1942~2018) 박사가 죽기 직전인 2018년 유언으로 남긴 말 중에는 인류는 감염병을 피해 신속히 화성으로 이주할 노력을 해야 한다는 말과 함께 "신은 존재하지 않는 것 같다."라고 했다. 이렇듯 과학을 깊이 연구하는 과학자들의 마음 깊은 곳에는 신학적 화두가 도사리고 있다. 뉴턴이 신학을 연구하기 위해 노력한 결과 물리학과 수학에서 얻은 업적으로 근대 과학의 문을 열게 되었다.

　뉴턴의 만유인력 법칙과 운동 법칙이 나타난 이후 후대 과학자들은 인간적인 신의 의지가 아닌 자연 법칙으로써 만물의 운동을 지배하는 근본 법칙을 찾아내려는 노력을 기울였다. 그 결과 마침내 1744년 프랑스의 수학자인 모페르튀(Pierre Louis Morean de Maupertuis, 1698~1759)에 의해 범함수(汎函數, functional, 함수를 변수로 두는 함수)에 대한 최소 또는 최대를 찾아내는 변분법(變分法, caculus of variations)이라는 수학을 이용하여 명쾌한 수학적 표현을 발견하기에 이르렀다. 최소 작용의 원리(least action principle)라고 불리는 이 역학(力學) 원리는 '운동은 액션(action)이라는 물리량을 최소화시키는 방향으로 일어난다.'라는 내용이다. 이후 '힘과 물질의 운동에 관한 물리 법칙.'을 다루는 역학은 라그랑지(Joseph Louis Lagrange, 1736~1813)에 의해 라그랑지 역학으로, 이어서 해밀턴(William Rowan Hamilton, 1805~1865)에 의해 해밀턴 역학으로 점점 일반화된 역학 법칙 방정식 형태로 발전되어 질량을 갖는 물질의 운동과 운동을 일으키는 에너지 사이의 관계를 기술하는 방정식, 즉 운동 법칙이 완성되었다. 이를 고전 역학의 완성이라고 한다. 완성된 고전 역학에 의해 만물의 운동은 역학 방정식의 해답 즉, 정해진 자연 법칙에 의해 일어난다고 인간은 확신하게 된 것이다.

코페르니쿠스의 지동설이 과거 1천 년 간 지속된 구약 성경 창세기에 기술된 우주의 모습에 대한 이해를 바꾸어 놓은 것이라면 최소 작용의 원리는 만물이 변화하는 운동이 인간적인 신의 손길에 의해 일어난다는 신의 시혜 영역을 자연 법칙으로 대체하는 것으로 인식될 수 있었다. 동시대에 칸트에서 시작된 근대 철학은 과감하게 신을 부정하는 철학 사조로 발전하여 본격적으로 신에서 탈출하는 인본주의(人本主義)와 인간의 이성과 자연에 기초하여 구습에서 벗어나고자 하는 계몽주의(啓蒙主義)로 파급되었다. 모든 물질이 자연 법칙에 의해 기계적으로 변화한다는 인식은 인간마저도 그러하다는 기계적 유물론을 낳게 되었고 이는 17~18세기에 꽃을 피운 계몽주의 사상의 근간을 이뤘다.

제정일치 시대부터 통치자와 신을 연결하는 역할을 해 온 주술사들의 역할은 천문 현상의 관측과 해석 이외에도 통치자에게 필요한 신비의 물질을 만드는 중세의 연금술로 이어지고 18세기 후반 라브아르지에(Antoine Laurent Lavoisier, 1743~1794)에 이어 1803년 돌튼(John Dalton, 1766~1844)이 주장한 물질의 근본인 원자설에 기초하여 물질에 관한 과학인 화학이 발전되었다. 돌튼의 원자설은 '(더 이상)쪼갤 수 없는(A-tom)'이라는 의미를 담은 그리스 시대의 물질 근본을 말하는 것이었으나 물질의 근본을 이해하려는 과학적 발전은 성경의 창세기 내용과 크게 상충되지 않았고 시대적 후발성으로 인해 철학과 신학의 변화에 선도적 영향을 미치지는 못하였다. 이와 유사하게 1860년경부터 본격적으로 알려진 다윈(Charles Robert Darwin, 1809~1882)의 진화론(進化論) 또한 성경 창세기 내용과 크게 상충되고 인간이 원숭이의 후손이라는 시비를 불러일으킨 혁명적인 주장이었음에도 불구하고 역시 시대적 후발성으로 철학에 미친 영향이 크지 않았다.

14~16세기에 걸쳐 이루어진 르네상스에 의한 중세 봉건 시대 종식 과정에서 자연주의 철학 사조는 천문 현상을 예측할 수 있는 만유인력 법칙을 낳고 최소 작용 원리라는 물질 운동의 자연 법칙을 확립하기에까지 이르러 고전 역학은 완성되었고 신의 시혜적 손길을 벗어난 자연 법칙을 우선시하게 되었다. 이 시대에 중세 신학의 근간이었던 스콜라 철학을 대체하는 인본주의와 기계론적 유물론을 근본으로 하는 계몽주의 철학과 정치 사회사상의 백가쟁명 시대가 시작되었다.

고전 역학의 완성과 원자의 발견으로 인간은 '영원불멸한 물질과 처음부터 영원히 주어진 자연 법칙에 의해 이 세상이 운영 된다.'는 기계적 세계관을 깨닫게 되었다. 단순하고 명쾌한 이 기계적 세계관은 신을 부정하고 존재와 인간 삶의 의미를 깊이 있게 파고드는 인본주의(人本主義)와 실존주의(實存主義) 철학의 근원으로 작용하였고 물질 중심의 유물론(唯物論)이 탄생하는 근거가 되었다. 그러나 실망스럽게도 정량적 인과를 따지며 발달해 온 과학의 발전에 비해 정성적 인과를 추적하는 관념 작업인 철학의 발전 결과는 인간 삶에 그다지 큰 임팩트를 제공하지는 못하였다. 백가쟁명의 정성적 논리로 신을 부정하고 인간 존재의 의미를 탐구하기는 하였으나 과학이 기여한 바에 비하면 실질적 삶에 대한 철학의 기여는 체감할 수 있는 수준이 못 되었다.

철학을 실용적인 삶에 끌어들인 것은 마르크스(Karl Heinrich Marx, 1818~1883)에 의해 주창된 변증법(辨證法)적 유물론이었다. 1844년 마르크스는 영원불멸한 물질들이 영원불멸한 운동 법칙에 의해 움직임으로써 만들어지는 이 세상은(신과 같은 관념적 허상에 의한 것이 아닌) 경제적 사회적인 인간 삶의 변증법적인 역사 발전을 통해 운영되어야 한다고 논증하였다. 이 논증을 근거로 그는 인간의 먹고사는 문제인 생산을 중심으로 하는 삶의 방식 즉 정치 사회적 대혁신을 주장하였다. 마르크스의 주장은 레닌(Lenin, Vladimir Illch, 1870~1924)에 의해 더욱 보완되어 세계 정치사의 중대한 변곡점인 공산 사회주의 혁명으로 발전되었고 지금까지도 이를 추종하는 이들이 사라지지 않을 만큼 현대 정치사에 큰 임팩트를 준 철학의 결과였다. 근대 과학이 발견한 기계적 세계관이 철학으로 그리고 정치로 파급되며 인류의 역사를 바꾼 것이다.

그리스도교의 가르침에 위배되는 인본주의(人本主義)와 계몽주의(啓蒙主義)의 만연과 세상을 유물적인 철학으로 재단하는 세태의 양상에 반하여 교회 차원에서의 대응이 나타났다. 로마 가톨릭교회의 교황인 비오 9세(Pius IX, 1792~1878)는 1864년 가톨릭교회의 교리와 어긋나는 80개 항목을 오류(誤謬) 목록(目錄, syllabus)으로 지목하고 이를 포함한 회칙(會則, Quanta Cura)을 발표하였다. 이어서 오류 목록에 수

록된 대상들(표 1-2)은 1868년부터 1870년까지 개최되었던 제1차 바티칸 공의회(公議會, Vatican Council)라는 역사상 가장 큰 규모로 열린 정치 종교적인 이슈를 통해 종교적으로 단죄되었다. 이어서 '교황의 교의(敎義)적 가르침에는 그르침이 없다.'는 '교황의 무류성(無謬性, 라틴어 Infallibilitas, Papal Infallibility)'까지도 선포되었다. 이 시기는 1858년 루르드(Lourdes) 성모 발현이라는 성모 마리아 기적이 있었고 이와 관련된 많은 병자들의 치유로 신앙심이 크게 고조되었던 시기이기도 했다. 이후 철학계는 물론 과학계에서도 신과 신학에 대한 논의를 기피하는 추세가 나타나게 되었다. 비오 9세 교황은 역대 교황 중 가장 강력했던 교황으로 기억되기도 한다. 이후 철학은 점차 신과 신학에 대한 탐구 의욕을 잃게 되었고 관념적 연구 방법과 본질 탐구의 의미를 회의하는 추세가 나타나게 되었다.

마르크스의 변증법적 유물론 탄생에 기여했던 원자론과 고전 역학의 완성 이후 과학 발전은 더욱 가속적으로 발전되었다. 이미 레닌 시대에는 원자에서 떨어져 나온 전자가 발견됨으로써 원자는 더 이상 나뉠 수 없는 것이 아니라 내부에 복잡한 구조를 가지고 있고 더 나누어진다는 것을 알게 되었다. 이에 더하여 빛과 전자기 현상 등에 대한 실험 연구와 미분 기하학과 확률론 등 새로이 개발된 수학을 이용한 상대론과 불확정성 원리 및 양자론이 나타나게 되었다.

이러한 새로운 과학 발전 양상은 물질에 대한 사변적 관념 발전에 의해 유물론의 기반이 되었던 기계적 세계관이 해체될 수도 있는 유물론의 위기로 인식되었다. 이에 대응하여 레닌은 1909년『유물론과 경험 비판론 (Materialism and Empiriocriticism, 1908 집필)』이라는 자신의 대표 역작을 발표하게 된다. 이 책에서 레닌은 과학 발전이 제공한 기계적 세계관을 변증법적 유물론의 근간으로 삼았던 자신들의 과거를 뒤로하고 과학을 심하게 질책하였다. 그는 기계적 세계관을 넘어서는 현대 물리학의 연구를 "쓸데없는 수리 관념에 빠진 과학"이라고 폄하(貶下)하였다. 이는 상대론과 같은 난해한 수학적 논리를 통해 오묘한 시간과 공간의 얽힘을 이해하고자 하고 양자론의 확률적인 운동 법칙을 통해 물질 근본을 끝없이 찾아가는 당시대 최신 과학의 발전 추세를 두고 이른 말이었다. 공산 혁명이라는 정치적 변화를 이끈 유물론은 근대 과학의 산물인 기계적 세계관을 이데올로기의 근거로 채용한 것인데 자신들의 논리 배경과 점점 멀어져 가는 현대 과학의 발전은 전혀 도움이 되는 것이 아니었기 때문이다.

교황 비오 9세의 오류 목록 선언으로 철학과 신학의 상호 교류 관계가 단절되었고 철학 발전에 도움이 되지 않는 현대 과학의 발전이라는 철학계의 인식으로 인하여 철학과 과학의 상호 의존적 발전 구도는 이제 사라지게 되었다. 즉, 인류 탄생부터 시작된 신학, 철학, 과학의 상호 의존적 발전은 19세기와 함께 종식되었고 이제 각자도생하는 시대에 접어드는 듯싶었다. 1949년에 Cornelius Lanzos가 저술한 수리 물리(數理 物理) 교과서『The variational principles of mechanics (Univercity of Toronto Press, 1949)』의 서문에는 다음과 같은 아쉬움이 표현되어 있다. "Although it is tacitly agreed nowadays that scientific treaties should avoid philosophical discussions, …(과학 연구의 성과에 대해 철학적인

科學, 哲學, 神學의 아우름

논의를 하는 것은 현시대의 암묵적(暗黙的)인 금기(禁忌) 사항이기는 하지만….). "

오류 목록은 가톨릭 교리와 어긋나는 80개의 당시대 사조를 목록화한 리스트이다. 이 중 본문의 내용과 관련되는 몇 가지 대상들을 소개한다. (조현권 번역, 회칙 "Quanta Cura"와 "Syllabus", 가톨릭사상37(2008년 전기)에서 발췌)

표 1-2 오류 목록의 대상

항목	내용
1	신의 존재란 없다. 신은 인간에 의해 만들어진 것으로 변하는 것이다. 만물이 신인 동시에 신의 실체 자체이며, 신은 세상과 동일한 것이므로 물질을 머금은 정신, 자유를 지닌 숙명, 악이 깃든 선, 불의를 품고 있는 정의이다.
2	인간과 세상을 대상으로 하는 신의 활동은 다 거부되어야 한다.
4	종교의 진리는 인간 이성의 타고난 힘에서 기인한 것이니 인간은 이성으로써 진리에 도달한다.
8	인간의 이성이 종교와 같은 수준에 놓이는 것과 같이 신학도 철학과 같은 방식으로 취급되어야 한다.
11	교회는 결코 철학을 판단해서는 안 되며 철학의 오류를 관대하게 다루어 스스로 바로 잡도록 내버려 둬야 한다.
12	교황 성좌 및 로마 성청의 교령은 과학의 진정한 발전을 저해한다.
13	스콜라 철학은 시대의 요구와 과학 발전에는 적합하지 않다.
48	가톨릭 신자들에게는 자연 과학과 현세적인 사회생활에 관한 지식을 위하여 가톨릭 신앙과 교회의 권한에서 분리된 청소년 교육 방식이 승인된다.
57	철학과 도덕의 학문과 시민법은 신적이고 교회적인 권위와 무관하다.

4
재회의 기운

　20세기에 들어와 상대론(相對論)과 양자론(量子論)을 두 축으로 하는
현대 물리학이 정립되기까지 신학과 철학 그리고 과학이 서로의 발전 결
과를 받아들이지 않고 각자도생하는 결별의 시대가 있었다. 그리스도교
신학은 중세 시대 스콜라 철학의 대가이었던 토마스 아퀴나스(Thomas
Aquinas, (1225)?~1274)가 저술하고 그 제자들이 완성한『신학대전(新學
大全, Summa Theologica, 1267~?(1274))』을 근간으로 삼고 있다. 그러
나 르네상스에 이어 나타난 종교 개혁 이후 개신교가 생겨나면서 성직자
는 물론 평신도들에 의해서도 다양하고 자유분방한 성경 해석이 이루어
져 오며 그리스도교의 다양한 분화를 초래했다. 가톨릭교회에서는 1965
년 교황 요한 23세(Sanctvs Ioannes XXIII, 1881~1958)에 의해 단행된 제
2차 바티칸공의회 이후 '조심스러운 성경의 재해석'을 포함, 거의 혁명적
인 혁신을 거듭하였다. 1992년 교황 요한 바오로 2세(Pope John Paul II,
1920~2005)는 '신앙과 과학이 공존할 수 있다.'고 천명했다. 이어 갈릴레
오에게 지동설을 전파하지 못하게 내렸던 1632년도 교회의 조치는 '비극
적인 상호 이해의 부족에서 나온 실수였다.'는 성명을 발표하여 갈릴레오
에 대한 재판이 잘못된 것이었음을 공식적으로 사과하였다. 이와 관련된

저서는 금서 목록에서 해제되었다. 신의 진리를 추구하는 교회는 변화무쌍한 과학의 발전 결과를 확실할 때까지 서서히 그리고 교회의 근본 가르침과 융합되도록 조심스럽게 받아들이는 추세가 나타난 것이다. 가톨릭교회의 공식 문건인 가톨릭교회 교리서(CATECHSMUS CATHOLICAE ECCLESIAE)의 제159항에는 "… 모든 분야의 방법론적 탐구가 참으로 과학적 방법으로 도덕규범에 따라 이루어진다면 결코 신앙과 참으로 대립할 수 없을 것이다."라고 참된 과학과 신앙의 일치를 인정하고 있다.

사실상 자연 과학 분야의 유명한 학자 중에는 다수의 성직자나 수도자들이 있다. 이들의 활동으로 불확정성 원리 등 현대 물리학에서 밝혀낸 자연의 신비를 신의 손길과 관련된 신학 개념으로 연결시키는 신학 분야의 시도들이 나타나고 있다. 후에 가톨릭교회 로마 교황청의 과학원장을 역임하고 가톨릭 사제 몬시뇰이 된 르메뜨르(Georges Henri Joseph Edouard Lemaitre, 1894~1966)는 1931년 수리 물리 방정식을 이용하여 현대 우주론의 핵심을 이루고 있는 빅뱅(Big Bang) 우주론을 처음으로 제시하였다. 또한 가톨릭 사제이자 고고 인류학자였던 샤르뎅(Pierre Teilhard Chardin, 1881~1955)은 진화적 창조론을 주창했으며 이 시대 우리나라에서는 서강대학교 물리학과 교수이자 가톨릭 사제인 김도현 신부는 '양자론과 신학'이라는 논문을 발표하고 『과학과 신앙 사이』라는 책을 내는 등 과학과 함께하는 신앙을 계도하는 활동을 하고 있다. 개신교계의 신학자들도 상대론이나 양자론을 신학적으로 검토하는 연구 논문과 저술들을 발표해 오고 있다. 동양에서는 근대에 이르기까지 종교와 과학의 상호 의존적 발전이 없었으나 20세기 초 나타난 상대성 이론과 양자 역학이 불교의 근본 개념과 일맥상통하는 철학적 의미를 담고 있는 것으로 이해하는 연구들이 나타나고 있다. 세계 각국을 돌아다니며 설법을 하는 달라이 라마(Dalai Lama, 1935~)의 설법 속에는 현대 물리학의 결과들이 인용되고 있고 『달라이 라마 과학을 만나다』라는 책도 발간되었다. 1993년에 열반에 드신 성철(性徹, 1912~1993)스님의 설법에는 상대론 등 현대 물리학의 결과들이 인용되었었다. 이화대학교 물리학과 교수였던 약천사 주지 김성구 스님은 최근 『연기법(緣起法)과 상대론/양자론』이라는 책을 내기도 했다. 지금 시대에는 동서양을 막론하고 신학과 종교가 과학의 발전 결과를 신학적으로 이해하여 함께하려는 추세에 있다고 말할 수 있다.

관념(觀念)의 절대성에 기초한 헤겔(Hegel, Georg Wilhelm Friedrich, 1770~1831) 철학에 기반을 두고 발달된 실존 철학과 유물론 등 근대 철학은 19세기 고전 물리학에서 찾아낸 영원불멸한 물질과 영원불멸한 자연 법칙이라는 기계적 세계관과 '절대성'이라는 관념을 공유할 수 있었다. 그런데 시공간의 상대적 변화를 다루는 상대론과 물리 현상의 확률적 나타남을 다루는 양자론을 주축으로 하는 20세기 현대 물리학 발전에 이르러 영원불멸한 실체 개념과 절대 시공의 개념은 그 의미를 상실하게 되었다. 이어 점차적으로 나타나는 생물학, 심리학 그리고 새로운 수학 분야들의 새로운 발전들은 근대 철학의 기존 기반을 흔들게 되었다. 인류 역사상 가장 큰 참극이었던 1, 2차 세계 대전과 그 이후 이어진 고속 산업화에 따른 이데올로기의 대립 양상을 겪으면서 현대 철학은 근대 철학에서 벗어나 지역 사회 정치 경제 중심의 실용적 이데올로기 발굴에 집중하는 모습을 나타내게 되었다. 현대 철학은 현대 과학의 영향력을 수용하며 근대 철학에서 탈피한 새로운 경지를 개척해 나가고 있다. 특히 20세기에 들어와 과학의 방법론에 관한 철학적 탐구를 하는 과학 철학이라는 분야가 등장하였고 기호 논리학과 같은 성과도 나타났다.

한편 과학계에서는 물리학, 생물학, 심리학, 뇌 과학 등을 연구하며 '과학의 대중화'에 앞서고 있는 학자들을 주축으로 '신은 존재하지 않는다.'라는 명제로 대중을 위한 무신론 저술들을 지속적으로 내놓고 있다. 빅터 스텐저(Victor J. Stenger), 리처드 도킨스(Clinton Richard Dawkins) 마이클 토미셀로(Michael Tomasello) 등이 그러한 학자들인데 이들의 저술은 '신이 없음.'을 과학적으로 증명하는 근본적인 접근이 아니라 '신의 손길이 아니어도 이 세상은 지금처럼 나타날 수 있다.'는 상황 해설의 성격을 띠고 있다. 우주의 시종을 다루는 우주 물리학 연구들은 빅뱅 이론과 같이 우주 만물의 시초를 점점 더 작아지는 공간으로 즉, '무(無)에서 유(有)가 나온 것'이라는 방향으로 나아가고 있다. 그러나 물리학 연구는 추상적인 수학적 개념 이외에도 물리적 실험에 의한 입증을 동반해야 하므로 無의 세계란 실험으로는 더 이상 다루어 볼 것이 없는 '아무것도 없는 세계'이다. 즉 無의 세계는 사실상 기존 개념의 물질과학을 떠난 것이 된다. 과학의 입장에서는 無의 세계를 신과 연결시키는 것에 대해 매우 부정적이다. 일반 대중에게 큰 관심을 일으켰던 우주를 다룬 책인『코스모스(Cosmos, 1984 발행)』의 저자이자 미국의 천문학자인 칼 세이건(Carl Sagan, 1934~1996)의 말이 이를 대변한다. "'어떻게 아무 것도 없이 텅 빈 우주에서 갑자기 물질이 생겨났는가?' 하는 물음은 우리를 곤혹

스럽게 한다. 사람들은 보통 이 상황을 신의 몫으로 떠넘긴다. (중략) 그러나 '그렇다면 神은 어디서 왔는가?'라는 질문을 해결해야 한다. 만일 이 질문에는 '답이 없다.'라는 결론을 내린다면 차라리 '우주의 기원 문제에는 답이 없다.'라고 하는 것이 어떤가?"

5
진리 탐구의 공통 법칙

　과학, 철학, 그리고 신학에서 공통적으로 받아들여 온 법칙들이 있다. 그것은 바로 인과율과 진리의 보편성이다. 인과율은 모든 존재와 모든 변화 및 모든 관념에는 그 원인이 있다는 인간 공통의 깨달음에서 법칙이라는 '율(律)'로 여겨 온 것이다. 또한 묻고 추구하는 목표가 되는 궁극적인 보편 진리가 존재할 것이라는 것이 모든 학문의 기본 설정이다.

　과학은 수리적 정량화 모델이라는 인과율(因果律)에 의거하여 시간을 거슬러 물리 실체 세계의 근원을 찾아가려는 진리 탐구 영역이다. 과학의 정량적 인과율은 정량적인 결과를 얻는 물리 실험으로 보정되고 확증된다. 철학은 물질세계를 중심으로 물질세계 너머 관념의 세계에까지 걸쳐 정성적 인과 논리(因果 論理)에 의거하여 존재와 인간 사회 및 인생의 근본 의미를 찾아가려는 진리 탐구 영역이다. 신학은 마음으로 진리 자체인 신을 만난다는 신비 체험과 정성적 인과 논리에 의거하여 '모든 것의 모든 것'이라는 '神'을 찾아가며 神의 계시(啓示)에 의해 존재와 인생의 근본 의미를 해명하려는 진리 탐구 영역이다. 세 가지 학문 영역 모두에서 인간은 인과율에 입각한 논리를 통해 '존재한다고 믿는' 진리를 찾아가는 탐구를 해 온 것이다.

철학은 인과율 자체에 대해서도 많은 연구를 진척시켜 왔다. 대표적으로는 흄(Davit Hume, 1711~1776)과 칸트(Kant, Immanuel, 1724~1804)로 대별되는 인과율에 대한 이해이다. 흄은 인과율을 '인간 주관에 의한 상상의 소치'라고 설정함으로써 인과율 자체는 실재하지 않는 '허상'일 수도 있음을 주장하였다. 이와는 대조적으로 칸트는 인과율은 과학적 사유를 할 수 있는 '인간의 선천적 사고방식'이라고 설정했는데 '선천적'이라는 의미를 '선험적(a priori)으로 부여된 선천성'이라고 본다면 절대적 법칙이 되지만, 과학적인 진화론적 논리를 적용한다면 '인간의 경험'일 수 있음을 주장하는 셈도 된다. 철학의 두 가지 큰 흐름인 관념론(觀念論)과 유물론(唯物論) 입장에서도 이와 유사한 구분이 사용되어 왔는 바 관념론적 입장에서는 인과론을 흄과 같은 맥락인 '인간의 주관에 속하는 영역'으로 보는 반면 유물론에서는 '인간의 의식과 무관하게 객관적으로 성립되는 것'이라고 보는 입장이다. 인과율에 대한 철학계의 두 가지 상반된 이해와 비교한다면 물리학에서 사용되어 온 인과율은 인간의 주관에 무관하게 물질세계를 수리적 정량화 모델로 다루는 특성상 일면 철학의 유물론 입장과 가까운 것처럼 보인다. 그러나 물리학에서 사용되는 인과율의 근원에 대한 심층 연구가 미흡하므로 현재로서는 아직 이를 예단할 수 없는 상태이다. 그런데 인과율에 관한 흄 또는 관념론적인 인식이나 칸트적인 인식이나 유물론적인 인식까지도 각각 나름대로 의미 있는 안목에서 주장된 것임을 생각하면 아마도 인과론의 정확한 정체는 이들 모두의 안목을 수용할 수 있는 설명이 가능한 배경에 있어야 할 것이다.

진리의 보편성에 대한 물리학 탐구의 자세는 '물리 원리(physics law)는 모든 시간과 공간에서 동일해야 한다.'는 대원칙으로 대변된다. 한편 철학에서는 보편적인 진리가 존재할 것이라는 희망을 향해 찾아가고는 있으나 아직도 보편적 진리를 찾지는 못한 상태이다. 신학은 보편 진리의 근원인 신의 존재를 전제하고 정성적인 인과율 논리에 의해서 신의 존재와 섭리를 설명하고 있다. 대표적인 것이 13세기 중세 스콜라 철학의 대가인 토마스 아퀴나스의 신 존재 증명이다. 그는 물질과 그 변화 및 물리적 운동은 물론 선함이나 아름다움 같은 추상적 가치를 포함한 모든 것의 인과적 원천을 스콜라 철학 논법에 의해 신으로 논증하였다. 초기 불교의 경전인 『잡아함경(雜阿含經)』에서는 연기법을 통해 '네가 있으니 내가 있고, 내가 있으니 네가 있다.'라는 상대적 인과성에 의한 존재 원리를 설법하고 있는 바, 이는 상대적인 인과성이 존재의 근거가 된다고 보는 것이다. 각 학문 분야에 통용되는 인과율과 진리의 보편성을 정리하면 표 1-3과 같다.

표 1-3 과학 철학 신학에서 사용되는 인과율과 진리 개념

분야	인과율	진리
과학	물질 존재와 그 변화 원리 탐구 - 정량적 인과 논리에 입각한 수리 모델 추구 - 물리 실험 결과에 의한 정량적 확인, 보완	모든 시공간에서 동일한 물리 법칙
철학	존재 및 인문 사회 현상의 근본 법칙 탐구 - 정성적 인과 논리 모델 - 현상의 정성적 평가 분석에 의한 정성적 보완	절대적/상대적 진리의 보편성 수용
신학	신과 신의 섭리를 이해하기 위한 탐구 - 정성적 인과 논리에 의한 해석 - 경천애인과 상선벌악 중심의 해석	신에서 발하는 절대 진리

계몽주의 시대 이후 상호 연계를 결별한 신학 발전은 별도로 하드라도 철학과 과학은 발전성과 면에서 매우 두드러진 차이를 보였다. 그 결과는 철학의 빈곤 상태에서 과학이 주도하는 물질문명의 시대가 꽃을 피운 현실로 나타났다. 철학과 과학은 똑같이 진리를 추구하기 위한 학문이지만 철학은 인문 사회적 관념을 대상으로 정성적 인과율을 적용해 온 학문이었고 과학은 물리적 실체를 대상으로 정량적인 수리적 인과율을 적용해 온 학문이었다. 물리적 실체를 대상으로 하는 과학적 진리 추구는 물리적 실체로 구성된 실체 모델(가끔은 이미 정립된 법칙들을 이용하여 상상 속에서 전개하는 사고 실험을 이용하기도 한다.)을 이용하여 반복적인 정량적 실험이 가능하다. 따라서 인과율로 논증되어 수리적으로 정량화된 인과율로 논증된 이론 모델은 실험 결과와 비교하여 정량적으로 검증된다. 이로써 수리 모델에 함유된 오류를 보정하며 진리를 향해 지속적으로 가깝게 접근할 수 있었다. 이와는 대조적으로 인문 사회적 관념을 대상으로 하는 철학적 진리 추구는 인문 사회 현상에 영향을 미치는 변수가 거의 무한하기에 정량적 반복 재현이 불가능하다. 따라서 철학적 진리 추구는 관련 현상들을 정성적으로 분석하여 진리 모델을 수립하고 이의 보정과 검증도 정성적으로만 가능하였다. 그 결과는 진리에 접근을 위한 정성적 논증 작업이 반복될수록 오류를 증폭하게 되어 접근이 어려울 수밖에 없었던 것이다. 컴퓨터를 이용한 수치 계산이 보급된 21세기에 들어와 경제학은 물론 정치사회학 분야에서 수치 모델을 이용한 정량적 예측 기법이 개발되고 수십 년 정도의 단기간에 걸친 인문 사회 현상의 재현이나 예측이 가능해지고는 있다. 그러나 이러한 시도는 어디까지나 과학에서와 같이 진리라고 여기는 제일 원리에 의한 접근(first principles approach)이 아니다. 이들은 관련된 현상들의 변화 특성과 상호 연계성을 수학적으로 표현하여 조합한 실용 목적의 현상학적 모의 실험 모델들이다. 따라서 진리를 추적하는 인과율을 적용함에 있어서 그 철저함과 이에 따른 성공적인 효능은 단연 과학 연구에서 드러나게 된 것이다.

19세기부터 20세기를 거쳐 오랜 시간 동안 과학 발전에서 이루어 온 정량적 인과율의 성공은 정량적 영역을 넘어 정성적인 범위까지 우리 삶을 재단하는 위세를 떨치고 있다. 현재 과학계에 만연해 있는 신학에 관한 의견인 "신이 만물의 인과율적 근원이라면 그 신은 어디서 왔는지 묻지 않을 수 없고 이 물음은 끝이 없는 인과적 추리가 될 것이다."라는 정성적 표현은 이를 대변하는 사례이다. 앞서 소개한 칼 세이건의 말도 이와 유사한 것이다. 이것이 일부 과학계 인사들이 주장하는 '신 존재 증명 불가능성'의 논리적 근거가 되는 무한 회귀(無限回歸, infinite regression) 문제이다. 과학계의 이러한 안목은 신 존재 증명을 논하기 위해서는 먼저 인과율에 대한 정확한 이해가 선행되어야 함을 요구하는 셈이다. 신 존재를 증명했던 토마스 아퀴나스의 스콜라 철학 논증에는 인과율에 관한 이해가 논의되어 있지 않다. 과학과 신학의 상호 연계는 이 매듭을 푸는 것부터 시작되어야 하는가 보다.

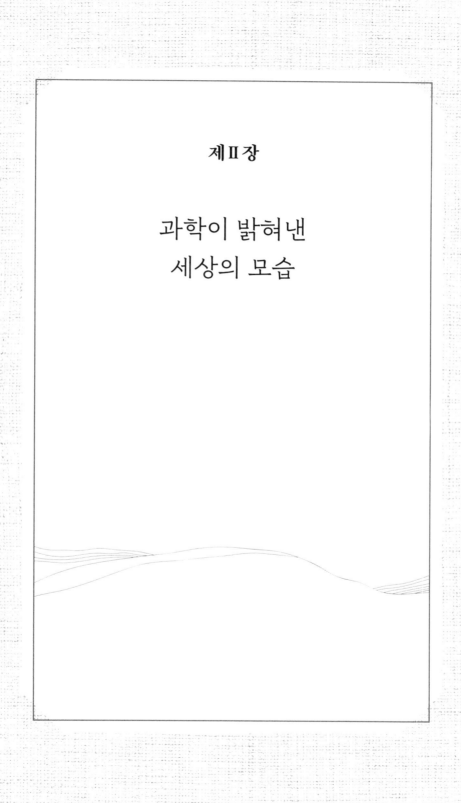

제Ⅱ장

과학이 밝혀낸
세상의 모습

물리학이 오늘날과 같이 물질의 근본과 물리적 변화의 근원을 탐구하
게 된 것은 제Ⅰ장에서 살펴본 인간의 역사 발전 속에서 얻어진 귀결이다.
이 장에서는 물질의 근본과 그 변화의 근원을 밝혀내기 위해 과학에서 찾
아내 온 결과들을 살펴본다. 과학 활동은 인간의 관념적 활동으로 찾아
내는 과학 원리와 수리적 이론 탐구, 그리고 물질에서 일어나는 변화를
인간의 오감을 통해 찾아내고 객관적으로 반복 확인하여 검증하는 실험
관측으로 구성된다. 본 장에서는 과학이 밝혀낸 원리와 이론은 물론 이
들의 타당성을 확인한 결과들이 상식적으로 상상하며 느끼고 공감할 수
있는 수준으로 소개될 것이다.

1
현대 과학으로 가는 길목
- 19세기 근대 과학

신학이나 철학과는 달리 물질의 근본과 그 변화의 근원을 찾아내는 과학이 오랫동안 발전되며 인류 문명 발전의 원동력으로 작용하게 된 배경으로는 과학은 다른 학문과는 달리 수리적인 정량화와 정량적으로 확인할 수 있는 실험 관측을 기본 도구로 삼아 왔다는 것이다. 제 I 장에서 살펴본 바와 같이 천문 및 기상 현상은 인간의 삶에 가장 큰 영향을 주어 온 것이다. 인간은 이를 위해 계절이 바뀌는 책력과 일정한 주기로 바뀌는 천문 현상을 정확하게 셈하고 예측하는 노력을 해 왔다. 여기에서 시작된 과학은 당연히 수리적인 정량화를 도구로 자연 현상을 재단하는 것이 되었고 그 결과들은 실험 관측 결과와 비교하여 수리 논리를 지속적으로 보완 개량하는 작업의 반복으로 발전된 것이다.

코페르니쿠스 이래 천동설이 지동설로 바뀌게 되면서 2차원 곡면이었던 우주 공간은 무한한 텅 빈 3차원 공간이 되었고 모든 공간에서 일정하게 흐르는 절대 시간은 천체 이동의 변화를 기술하는 절대 불변의 척도가 되었다. 이후 물질의 운동에 관한 최초의 법칙이었던 뉴턴의 힘과 가속도의 비례 관계가 발견되었다. 운동의 법칙은 라그랑지와 해밀턴에 의해 일반적인 역학 법칙으로 발전되어 고전 역학이 완성되었다. 이 법칙은 운동 에너지와 운동을 일으킬 수 있는 잠재적인 에너지인 퍼텐셜 에너지 사이의 미분 방정식으로 나타났다. 고전 역학의 의미는 절대 불변인 시간과 공간 속에서 물질의 운동이 미분 방정식의 해답으로써 주어진다는 것이었다. 이를 기반으로 자연은 수학적으로 표현되는 정량화된 자연 법칙을 따라 결정론적(deterministic)으로 나타난다는 철학적 인식이 확립되는 과학적 근거를 제공하게 된 것이다.

여기에서 '자연 법칙'이라고 이해되었던 운동 법칙의 실제 모습에 대해 고찰해 볼 필요가 있다. 뉴턴의 운동 법칙은 '질량에 작용된 힘은 질량과 가속도의 곱과 같다.'는 것이다. 즉 힘이 작용되면 질량은 가속도를 얻어 운동하게 된다는 것이다. 힘도 질량도 가속도도 인간의 감각으로 느끼고 판단할 수 있는 물리량들이다. 따라서 더 센 힘으로 던진 공은 더 큰 가속도로 움직이고 더 무거운 공은 가벼운 공보다 덜 가속된다는 인간의 감각과 일치하는 것이다. 뉴턴의 운동 법칙은 인간이 공감할 수 있는 3차원(가로 세로 그리고 높이로 각각 구별되는 차원) 공간상의 거리와 시간이라는 상호 독립적인 변수들로 이루어진 좌표 축(유크리트Euclid 좌표라고 부르는)에서 물체의 운동을 기술할 수 있는 수학적 법칙을 찾아냈다는 데 큰 의미가 있다. 그 법칙은 힘과 질량과 운동(가속도) 사이에 확정적 관계가 있다는 것이다. 그러나 뉴턴의 운동 법칙을 실제 물리 현상 분석과 운동 예측에 적용하는 것은 상당히 제한되어 있다. 왜냐하면 당시대의 화두이었던 태양계의 행성 운행 현상만 해도 뉴턴이 발견한 만유인력 법칙으로부터 계산한다면 만유인력 법칙은 두 물체 사이에 작용하는 힘에 관한 관계인 반면 태양계에는 여러 개의 행성이 존재하고 있고 지구에는 달도 있으니 행성 운행을 정확히 계산하는 것은 사실 매우 복잡한 문제가 되는 것이어서 법칙이라는 명칭에 어울리도록 일반적인 힘과 운동의 역학 문제를 처리할 수 있는 수학적 표현이 요구되었다. 이러한 필요성은 미적분학과 변분법이라는 수학을 중심으로 점점 더 추상적인 수학적 내용으로 발전되어 라그랑지 운동 방정식을 거쳐 해밀턴 운동 방정식까지 이르러 고전 역학의 운동 법칙이 완성케 된 것이다. 그러나 이렇게 일반화된 운동 법칙의 수학적 표현은 인간이 직감적으로 공감할 수 있는 시간과 3차원 공간과 속도나 가속도 같은 감각적인 물리량들 사이의 관계가 아니었다. 그들은 일반화된 좌표계(generalized coordinate)라 부르는 수학적 추상 공간(抽象 空間)에서 운동 에너지(kinetic energy)와 퍼텐셜 에너지(potential energy) 등의 복합적 관계로 엮어진 라그랑지안이나 해밀터니안과 같은 '추상적 물리량들의 법칙'으로 나타났다. 이러한 자연 법칙은 인간의 직감 범위를 벗어나는 추상적 관념 세계에 자리 잡게 된 것인데 현대 물리에 들어와서는 일반 대중이 접근할 수 있는 범위를 훨씬 초월하는 난해한 수학의 사용이 불가피하게 되었다. 현대 물리의 탄생을 준비하던 근대 물리의 끝자락에서부터 이미 물리 법칙은 인간의 상상보다도 훨씬 더 복잡하고 난해한 추상적인 관념 세계로 향하고 있었다.

물질의 근본에 대한 이해는 중세 연금술을 계승한 화학 연구에서 얻어졌다. 먼저 기체의 종류에서 서로 다른 원소가 있음을 알았고, 1809년 존 돌턴은 만물은 더 이상 나뉠 수 없는 원자들로 이루어져 있다는 원자론을 주장했고 물질을 그 화학적 성질에 따라 분류하여 공통된 성질을 가진 것들을 모아 분류한 원소의 주기율표가 1869년 멘델레프(Mendeleev, Dmitrii Ivanovich, 1834~1907)에 의해 제안되었다. 그 주기율표는 당시 알지 못했던 새로운 원소들을 찾아내는데 훌륭한 이정표가 되었다. 우리 주변의 모든 물질은 주기율표에 있는 수십 가지 원소들의 화학적 조합으로 이루어진다고 결론지어졌다. 이로써 더 이상 나뉠 수 없는 '원소를 근본으로 하는 물질론'이 확립되었다.

이러한 운동 법칙과 물질론에 의하면 무한하고 텅 빈 절대 공간과 영원 무궁한 절대 시간 속에서 영원불멸한 원소로 이루어진 물질들이 영원불멸한 운동 법칙에 의해 결정론적인 관계 속에서 변화를 일으키는 것이 이 세상인 것이 된다. 19세기가 저물어 가면서 과학은 비약적인 발전을 시작하였다. 1864년 맥스웰(James Clerk Maxwell, 1831~1879)은 전기 현상과 자기 현상의 경험적 특성을 표현할 수 있는 맥스웰 방정식을 고안하고 빛의 정체가 전자기 현상이라는 것을 제시하였다. 1899년에는 톰슨(Joseph John Thompson, 1856~1940)에 의해 원자에서 떨어져 나온 원자의 아주 작은 일부를 구성하는 가벼운 전자가 발견됨으로써 원자는 더 잘게 분해될 수 있는 물질이라는 물질관의 혁명이 일어났다. 상대론과 양자론, 입자 물리학과 빅뱅 우주론 등으로 전개될 현대 과학의 문을 열고 있었던 것이다.

2
현대 과학이 밝혀낸 세상

　20세기를 바라보는 시기부터 급속하게 발전된 광학과 전자기학의 발전은 시간과 공간에 관한 인식을 전환하게 하였다. 또한 원자 내부에 관한 연구가 진척됨으로써 근대 과학의 기본관점을 뒤집어 놓은 현대 과학의 세계로 접어들게 되었다. 현대 과학의 근본은 시간과 공간의 구조와 운동 법칙은 물론 물질 및 이들 간에 작용하는 근본 힘과 우주의 근본 기원까지 포함된 종합적인 문제를 향하여 발전되고 있다.

　현대 과학은 상대성 이론과 양자 역학이라는 두 가지 이론 체계와 천문 관측과 가속기 실험이라는 두 가지 검증 방법을 축으로 성장해 오고 있다. 원자핵 이하의 미시적 세계는 물론 광활한 우주도 인간이 직접 보고 만지며 확인할 수 없는 세계이므로 이미 그 성질이 잘 알려진 물질과 에너지를 사용한 여러 가지 직간접적인 상호 작용 측정과 실험으로 미지 세계의 구조와 기능과 변화를 밝혀내고 있다.

　원자 속의 전자가 확인됨으로써 눈에 보이는 물질을 구성하는 원자는 더욱더 기본이 되는 미시적인 것들로 구성되어 있고 원자 내부는 이 미시적인 것들이 상대적 운동을 하고 있는 복잡한 구조로 되어 있다는 것이 밝혀졌다. 그 후 이 미시적 존재들에 작용하는 힘을 찾아내고 그들의 운동을 기술하여 물질 성질의 근원을 밝혀내는 것이 물질 연구의 방향이 되어 왔고 미시 세계를 다루기 위해 새로운 학문인 양자 역학이 발전되었다. 특수 상대성 이론은 고속 운동 상태에서의 시간과 물질의 변화를 다루며 일반 상대성 이론은 물질 및 에너지 그리고 시공간과의 관계를 다루는 이론이어서 양자 역학과 상대론은 물질의 정체를 규명하고 물질의 기원 즉 우주 탄생의 근원을 밝히는 데 핵심 수단으로 여겨지고 있다.

19세기 말 현재의 근대 과학과 21세기 초인 오늘의 현대과학의 기본 관점의 차이는 표 2-1에 정리되어 있다.

표 2-1 근대 과학과 현대 과학의 기본 관점 차이

구분	근대 과학	현대 과학
시간	불변인 절대 시간	속도와 중력에 따라 변하는 시간
공간	불변인 3차원 텅빈 공간	에너지와 질량에 의해 휘고 변하는 4차원 시공 연속체 속에 미지의 기능성 구조를 가진 네 번째 이상 고차원 공간들이 존재
운동 법칙	결정론적 인과율 운동 법칙	확률론적 인과율 운동 법칙과 중력장 방정식
근본 힘	중력	중력, 전자기력, 강력, 약력

가. 시간의 이해

우리는 물리적 변화의 빠르기를 시간이라는 척도로 재단한다. 시간은

科學, 哲學, 神學의 아우름

약속된 시계를 표준으로 측정하는데 그 시계가 무엇이든 표준이 된 물질의 변화 빠르기에 대한 상대적인 빠르기를 시간이라고 부르는 것이다. 따라서 아무런 변화가 없는 세계는 시간이 멈춘 곳이다. 그러나 모든 물질은 항상 변화하고 있기 때문에 주변 물질에 둘러싸여 있고 물질 자체인 몸을 가진 우리는 이 세상에 시간이라는 절대 척도가 있는 것처럼 느끼며 살고 있다.

시간에 대한 현대적 이해는 아인슈타인(Albert Einstein, 1879~1955)에 의해 1905년에 발표된 특수 상대성 이론과 1916년에 발표된 일반 상대성 이론에서 나타났다. 특수 상대성 이론은 물질의 운동 속도에 의해 물질이 변하는 빠르기 즉 물질에 내재된 시계가 변한다는 것(속도가 빠를수록 시간이 느리게 간다.)을 표현하고 있으나 왜 그러한 영향이 나타나는가 하는 답은 주지 않는다. 일반 상대성 이론은 물질의 존재에서 나타나는 중력이란 물질이 주변의 시간과 공간 즉 4차원 시공 연속체를 휘어지게 하여 느껴지는 것이라고 하며 중력에 의해 시간의 흐름이 달라진다는 것(중력이 강할수록 시간이 느리게 간다.)을 말하고 있으나 왜 시공을 변하게 하는가 하는 데에는 역시 답을 주지 않는다. 본 절에서는 우선 특수 상대성 이론에 관한 부분을 살펴보고 일반 상대성 이론 부분은 다음 절에서 다루기로 한다.

1905년 당시에 빛을 이용하는 실험들에 의하면 빛의 전파 속도는 서로 다른 속도로 움직이는 모든 관측자에게 모두 동일한 속도로 측정되었다. 이는 주변의 움직임을 관찰해 온 우리의 상대 속도 경험과는 너무도 다른 것이다. 고속도로를 달릴 때 앞차의 속도는 내차와 비교하여 상대 속도가 거의 없지만 반대편 차선을 달리는 차는 내차 속도의 거의 두 배로 관측되는데 관측자의 속도에 따라 빛의 속도가 달라지지 않는다는 것은 상식적으로는 이해하기 어렵다. 그런데 특수 상대성 이론은 이 현상을 설명해 준다. 이에 의하면 빛의 속도가 동일하게 나타나는 이유는 관측자의 이동 속도가 빨라짐에 따라 관측자가 가진 시계의 시간이 흐르는 빠르기와 관측자 자신의 질량, 그리고 관측자 자신의 이동 방향으로의 크기(길이)까지도 줄어들기 때문이라는 것이다. 이러한 현상은 오랫동안 충분한 정밀 측정 실험을 거쳐 사실로 확증되었다. 특히 우주에서 지구 궤도를 고속으로 이동하는 인공위성에 실린 초정밀 원자시계가 지상의 시계에 비해 지상과 우주의 중력의 차이의 영향 이외에도 고속 운동으로 인하여 시간이 늦게 간다는 것이 확인되었다. 이 결과는 원자시계의 시간을 결정하는 동위 원소의 방사능 붕괴가 늦어진다는 것이므로 운동으로 인하여 원자핵을 구성하는 물질의 성질이 근본적으로 변한다는 것이 확인된 것이다. 특수 상대성 이론의 또 한 가지 업적은 질량은 에너지로 환산된다는 질량-에너지 등가의 관계인데 이는 질량의 근본은 에너지라는 최근의 이해가 이미 함유된 것이다. 특수 상대성 이론은 측정자의 운동에 무관하게 빛의 속도가 일정한 값으로 측정된다는 사실과 측정자 세계에서의 시간, 질량, 길이 등 서로 무관하게 생각되었던 물리량들이 상호 상관성을 가지고 얽혀 있는 관계를 알아낸 것이다. 그러나 빛의 전파가 어떻게 이루어지는 것인지 또는 시간의 정체가 무엇인지 등 근본적인 의문에 대한 설명을 주지는 않는다. 빛의 속도에서는 이동하는 이의 시간도 질량도 크기도 모든 것이 사라지게 되므로 텅 빈 공간에 질량이 없는

科學, 哲學, 神學의 아우름

에너지만이 빛의 속도로 전파되고 있는 곳은 시간은 있지만 변하는 것이 없는 세상이다.

나. 공간의 이해

지동설이 나타난 이후 우주 공간은 무한한 텅 빈, 아무것도 없는 세계로 인식되었고 모든 공간에서 시간은 동일한 것으로 생각되었다. 즉 '무한히 텅 비어 있는 3차원 공간 어디에서나 동일하게 흐르는 절대 시간 속에서 만유인력 법칙으로 주어지는 인력에 의해 별들과 행성들이 서로 잡아당기며 돌아다니는 것이 이 세상이다.'라고 이해되고 있었다. 그런데 1916년 아인슈타인은 일반 상대성 원리를 통해 질량이 발휘하는 중력이라는 힘은 질량의 존재에 의해 4차원 시공 연속체가 휘어져 있는 성질에서 느껴지는 것이라고 설명하였다. 이는 마치 엘리베이터가 출발하거나 정지할 때 우리 몸의 이동 상태가 바뀜으로써 느끼지는 힘처럼 시공간이 휘어져 있어서 느끼는 힘이라는 것이다. 시공간이 휘어져 있다면 공간 속에서 이동하는 움직임이 휘어져야 한다. 즉 항상 광속으로 직진하는 질량이 없는 빛조차도 휘어져 전파되어야 하는데, 이는 1919년 금성의 일식 시간 측정을 통해 정량적으로 확인되었다. 오늘날 중력에 의한 시공간의 휨은 천문 관측에서 확인되는 중력 렌즈 효과는 물론 블랙홀 연구의 기반이 되고 있다. 블랙홀은 강력한 질량의 집중으로 주변 시공간이 완전히 내부로만 휘어져 빛조차도 나올 수 없어 검게 보이는 천체를 말한다. 최근 2015년에는 매우 정밀한 측정을 통해 우주에서 오는 중력파를 검출하였고 그 공로로 2017년 노벨상이 수여되었다. 시공간이 중력에 의해 휘어져 있다는 일반 상대론에 함유된 중력의 파동적 전파 성질이 확인된 것이다.

　이후 1919년 칼루차(Theodor Franz Eduard Kaluza, 1885~1954)에 의해 일반 상대론 방정식의 수학적 확장 연구인 5차원 중력장 방정식의 해가 전자기 현상을 표현한 경험식으로 알려진 맥스웰 방정식과 일치하는 수식으로 유도되었다. 이로써 19세기 말 당시 알려진 전자기 현상을 순수한 경험식으로만 표현했던 맥스웰 방정식은 일반 상대론에 함유된 5차원 시공간 즉 네 번째 공간 차원에서의 중력 현상을 의미하는 존재로 해석되었으며 1926년 클레인(Oscar Klein, 1894~1977)은 후속 연구를 통해 이 네 번째 공간 차원은 우리가 느낄 수 없는 작은 공간에서 튜브 형상으로 존재할 것이고 에너지가 튜브 공간에서 회전하는 방향에 따라 양전하와 음전하가 만들어지는 것이라는 이론을 제시하였다. 이 전하들은 양성자와 전자들로서 인력과 척력을 작용하는 것들이다. 튜브의 크기는 전하량 측정치를 이용한 계산 결과 반경이 8×10^{-31}센티미터 정도 되는 미소한 크기로 나타났다. 아인슈타인으로부터 이미 100여 년이 지난 오늘날 일반 상대론을 기반으로 하는 시공간의 고차원 우주 연구는 현대 우주론 연구의 중심으로 자리 잡고 있으며 물질의 근본을 찾는 연구에서도 점점 더 높은 미소한 고차원 공간을 찾아가고 있다. 이러한 연구들의 결과는 공간이 텅 비어 있는 아무것도 아닌 것이 아니라 질량에 의해 휘어지고 그 속에 무언가 기능을 하는 더 높은 차원을 이루는 미지의 구조가 있다는 것을 의미한다. 그동안 텅 비어 있다고 생각해 온 공간 속에 미지의 구조를 가지고 기능을 하는 새로운 차원들이 있다고 하는 것은 상당히 당혹스러운 것이다.

역사적으로 보면 공간에 대한 인식의 전환은 물리학의 기본인식을 바꾸게 되는 전환기에서 나타났다. 코페르니쿠스의 지동설은 우주 공간을 돔 모양의 2차원 곡면에서 무한히 텅 빈 3차원 공간으로 바꾸는 혁명적 전환을 이루며 근대 과학의 문을 열었다. 현대 과학의 문을 연 발견의 하나인 아인슈타인의 일반 상대론은 텅 빈 공간이 시간과 더불어 4차원 시공간 연속체를 이루며 질량에 의해 휜다는 것을 알아내어 빅뱅으로 대변되는 우주론의 문을 열었다. 이에 더하여 칼루차와 클레인은 공간 속에 4번째 공간 차원이 있고 그것은 미세 구조를 가질 것이라고 함으로써 공간의 이해에 대한 획기적 전환을 마련하였다. 다중 우주 등을 연구하는 현대 우주론은 시공 5차원을 넘어 10차원 이상 높은 차원으로 확장되며 탐구되고 있고 물질의 근본을 찾아가는 최신 물리 이론들의 토대가 되고 있다.

공간은 우주의 시종에 관한 연구의 바탕이다. 시공간과 그 속에 존재하는 에너지와 물질로 정의되는 우주는 시간과 공간이 0인 상태에서 갑자기 빛의 속도로 팽창되어 점차 식어 가고 물질로 변화되며 오늘의 우주에 이르렀을 것이라고 하는 것이 빅뱅 모델을 기초로 하는 우주론의 기본 설정이다. 천문 관측연구 결과는 빅뱅의 잔재일 것으로 예상하는 우주 배경 복사 전자파를 찾아내었고 별들의 이동에서 서로 점점 멀어져 가는 빛을 관측함으로써 우주가 팽창하고 있다는 빅뱅 이론을 뒷받침하고 있다.

에너지와 물질에 의해 시공간이 휜다는 중력장 방정식은 아직도 한정된 우주 범위에서만 그 타당성이 확인되었을 뿐이어서 더욱 보편적인 이론으로 발전시키기 위해 다양한 천문학 측정 노력과 함께 측정 결과와 부합되는 중력장 방정식으로 보완하는 노력들이 계속되고 있다. 우주의 균질성과 일치시키고자 하는 급팽창(inflation) 이론 연구나 암흑 물질(dark material)과 암흑 에너지(dark energy)를 찾고자 하는 천문 관측 연구들은 이러한 노력의 일환들이다. 지금까지의 천문 관측 데이터를 기반으로 빅뱅은 지금부터 약 137억 년 내지 138억 년 전에 일어났을 것으로 이론적으로 추산하고 있다.

양자 역학과 상대론을 두 축으로 우주의 시원을 탐구하고 있는 현대 물리는 빛과 중력을 기술하는 물리 현상들에 기초하고 있다. 여기에는 근본 물리 상수라고 부르는 빛의 속도와 중력 상수 그리고 빛의 파동 에너지와 불확정성 원리를 기술하는 플랑크(Max Planck, 1858~1947) 상수들이 있다. 이들 상수들로부터 단위 체계의 차원 분석이라는 기법을 이용하여 시간과 길이와 무게로 구성되는 단위 체계를 플랑크 단위라는 새로운 단위 체계로 변환하게 되었다. 이들은 입자 물리 연구에서 사용되는 각종 방정식을 간편한 형태로 변환시킬 수 있는 유익한 단위로 사용된다. 이로써 우리가 일상에서 사용하는 미터라는 길이 단위나 초라는 시간 단위처럼 기본 단위 시간과 공간 등을 규정하게 된다. 이들은 플랑크 길이라고 부르는 1.6×10^{-33}센티미터 정도의 짧은 거리와 플랑크 시간 그리고 플랑크 질량 등이다. 이 중 플랑크 길이는 물리 이론상 의미를 부여할 수 있는 최소 길이라는 의미를 가진다.

우주 이론은 물리 이론상 의미를 부여할 수 있는 짧은 시간과 작은 공간에서 엄청난 규모의 에너지가 갑자기 팽창되어 고온에서부터 식어 가며 물질 근본 연구에서 밝혀낸 물질 변화 과정에 따라 기본 입자로 원자로 그리고 우리 주변의 물질로까지 점차 진화되었다고 설명한다. 현대 우주론은 1922년 러시아 수학자 프리드만(Alexander Friedmann, 1888~1925)이 일반 상대론 중력 방정식의 해인 우주 방정식을 찾아내면서 시작되었다. 이 우주 방정식은 시공간 연속체를 다루는 상대론의 특성대로 직경이 0인 시공간에서 시작한다. 즉 시간과 공간이 0인 점에서 시작되는 시공간 연속체인 우주 팽창을 다루고 있다. 그러나 그 이후 빅뱅 이론을 더욱 발전시키고 있는 초기 우주의 급팽창과 고차원 공간의 다중 우주(multiverse)를 다루는 이론들은 이론에 적용된 좌표계의 수학적 특이점(singular point)에 해당되는 직경 약 10^{-27}센티미터(드 지터, Willem de Sitter, 1872~1934, 공간의 시작인 허리 부분이라고 부름.)에서 초고온의 에너지가 팽창하는 것으로부터 시작하고 있다. 급팽창 이론은 관측된 천문학 측정 결과와 부합되도록 우주론을 보완한 이론이며 다중 우주는 이에서 시작하여 시공간계(時空間界) 자체가 다른 다수의 우주들이 나타날 수 있다는 이론들이다.

수학에서 특이점이란 그 점 전후에서 함숫값이 불연속적으로 바뀌게 되어 미분값을 정의할 수 없는 칼끝같이 뾰죽한 점을 말한다. 드 지터 공간의 허리는 우주론 방정식에서 사용되는 좌표계의 속성상 나타나는 수학적 특이점이지만 공간이 0으로 사라지는 점은 물리 이론의 수학적 표현은 물론 물리적 의미조차 사라지는 물리적 특이점이다. 사실 드 지터 공간의 허리보다 작은 크기부터 0으로 공간이 소멸되는 점까지는 무슨 존재가 있었고 무슨 일이 있었을 것인지 아는 바가 전혀 없고 이에 대한 아무런 물리적 실마리도 기댈 만한 이론적 아이디어도 없다. 어떤 물리학자들은 이 부분을 물리학이 아닌 철학 영역으로 여기기도 한다.

다. 운동 법칙

운동이란 질량을 가진 물질이 시공간 속에서 이동하는 것을 말한다. 따라서 운동 법칙은 당연히 운동의 무대가 되는 시공간의 변화 법칙을 포함한다. 우리는 에너지와 질량과 연관된 시공간의 변화를 일반 상대성 이론에서 이미 살펴보았으므로 여기에서는 주어진 시공간에서의 물질 이동을 지배하는 법칙을 살펴본다.

1927년 데이비슨(Clinton Davisson, 1881~1958)과 거머(Lester Germer, 1896~1971)는 수년간에 걸친 일련의 실험에서 전자 빔은 빛처럼 파동으로 전파되어 물결이 퍼져 나갈 때처럼 간섭무늬를 이룬다는 것을 확인하였다. 이는 1924년 드 브로이(Louis de Broglie, 1892~1987)가 주장했던 물질파(物質波) 가설을 확인한 것이다. 이로써 근대 과학에서 생각해 온 것과는 달리 직선으로 움직이는 물질의 운동이 사실은 파동으로 퍼져 나가는 것이라고 현대 과학은 새로운 발견을 한 것이다. 물질의 운동 에너지는 파동인 빛의 성질에서 찾아낸 에너지 파동 성질과 마찬가지로 진동수에 비례하는 물질파 에너지로 표현된다. 전자를 이용한 실험에서 처음 확인된 이 파동성은 전자처럼 미세한 입자에서 두드러지게 나타나고 우

科學, 哲學, 神學의 아우름

리 주변의 무겁고 큰 물질의 운동에서는 관찰되지 않는다. 예를 들어 투수가 던지는 야구공은 10^{32}센티미터 정도의 파장을 가지는데 이는 기술적으로 측정이 불가능한 값이기도 하지만 야구공의 크기에 비해 너무 작아 가려지는 파동이다. 오늘날 에너지의 파동은 휴대 전화의 전파처럼 당연히 파동으로 취급하고 있지만 사실 에너지와 물질의 전파가 파동적으로 나타나는 것은 아직 그 원인을 알지 못하고 있고 자연의 본래 성질이라고 받아들이고 있다. 일상에서 우리가 느끼는 물질의 직진 운동은 앞에서 살펴본 사례처럼 근본적으로는 파동적인 운동이지만 외형상 직진 운동으로 보이는 것이다. 우리는 우리 주변에 산재한 물질들의 운동이 직선적으로 보임에 익숙하여 물질의 운동이 직선이라고 오해하고 있는 것이다.

파동적 전파의 특성은 빛의 성질에 의해 잘 알려져 있으며 흔히 물위에 퍼져 나가는 물결의 예로 설명된다. 물결이 물위에 솟아 있는 바위를 만나면 그 바위를 돌아서 모든 곳으로 전파된다. 이를 파동의 회절 현상이라고 한다. 다량의 미세 입자들을 가느다란 튜브를 통해 일시에 내뿜어 보낸다면 직진하지 않고 물결이 모퉁이를 돌아가며 전파되는 것처럼 모든 방향으로 퍼지는 파동의 회절이 나타나게 된다. 만일 수많은 입자 중 어느 특정한 입자의 이동만을 생각한다면 그 입자는 정해진 시간에 정해진 위치에 도달하는 것이 아니라 파동이 퍼지는 곳 어디엔가 우연한 시간에 나타나게 되는 것이다. 이 현상을 수학적 관계로 표현한 것이 '불확정성 원리'이다. 불확정성 원리는 파동 운동으로 이동된 결과는 도착 위치와 도착된 물질의 운동량을 동시에 정확하게 특정할 수는 없고 도착 위치의 위치 불확실 폭과 도착된 입자가 가질 운동량의 크기 불확실 폭의 곱이 일정한 값보다 커야 한다는 부등식의 관계로 표현된다는 것이다.

위에서 설명한 바와 같이 플랑크 단위는 이론적 편이를 위해 도입된 단위 체계이지만 입자 물리의 근간인 불확정성 원리와 연계하여 플랑크 길이에는 특별한 의미가 부여되고 있다. 이를테면 플랑크 길이의 제곱값은 (블랙홀과 같은 경우) 중력에 의해 빛이 탈출하지 못하는(사건 지평선이라 부르는) 반경의 불확실 오차와 위치 측정 불확실 오차를 곱한 값보다 작다는 길이들의 부등식 관계가 성립한다. 이 부등식 관계는 수학적으로 불확정성 원리와 동일한 수식으로 변환될 수 있으므로 불확정성 원리와 같은 의미를 가진다고 이해되고 있다. 즉 플랑크 길이는 물리 이론상 이론적 의미를 부여할 수 있는 길이의 한계를 의미한다고 이해되므로 이보다 더 작은 공간에서는 입자 물리 이론을 논하지 않게 된다.

또한 불확정성 원리의 수학적 표현은 입자가 도착되는 시간 불확실 폭과 도착된 입자가 가질 에너지의 크기 불확실 폭의 곱이 일정한 값보다 크다는 부등식으로도 변환된다. 시간 불확실 폭과 에너지의 불확실성 관계는 빅뱅이 일어난 극히 짧은 순간을 대상으로 한다면 에너지의 불확실성은 어마어마하게 큰 규모가 되는데 이를 양자 요동에 의한 에너지의 빅뱅이라고 설명하고 있다. 불확정성 원리는 인간의 측정 오차에 의한 불확실성이 아니다. 그것은 에너지와 물질의 운동 자체가 파동의 형태로 나타나는 자연이 가진 미지의 성질에서 나오는 원리이기에 시공간에서 에너지나 물질이 홀연히 나타난다는 현상을 설명하는 근거로 흔히 이용된다.

시공간에서 불확정적으로 나타나는 미세 입자의 운동은 불확정적이기에 그 나타남은 확률적으로만 표현할 수 있다. 고전 역학에서 운동 에너지와 퍼텐셜 에너지를 기본 물리량으로 하여 가장 일반적인 형태로 발전한 물리량은 해밀턴 역학의 추상적인 에너지 물리량인 해밀토니안이다. 확률적인 나타남은 이 해밀토니안을 사용하여 파동 전파 방정식으로 표현하는데 파동 방정식의 해는 입자가 나타날 확률을 의미하게 된다. 이로써 특정한 입자의 특정한 일회성 운동은 결정적으로 예측하거나 재현할 수는 없고 나타날 수 있는 위치와 그 운동량을 확률적으로만 표현할 수 있다. 이러한 확률론적 운동 해석을 양자 역학이라고 한다. 양자 역학은 힘에 의한 물질의 직진 운동을 다루는 고전 역학으로는 추적할 수 없는 미시 입자의 확률적 나타남을 기술하는 운동 방정식이다. 이는 미소 공간을 차지하고 있는 원자 내부의 구조와 성질을 이해하는 데에는 물론 그보다 작은 물질의 근원을 탐구하는 입자 물리 연구와 시공간이 0인 점에서 시작했을 우주의 시원을 탐구하는 연구에서도 핵심적 도구가 되어 왔다.

철학의 인과적 특성 구분에서는 고전 역학 운동 법칙을 결정론적 인과율이라고 하고 양자 역학으로 대변되는 현대 물리학 운동 법칙은 확률론적 인과율이라고 한다. 확률적 나타남은 나타남의 시공간상 분포 문제이지 인과율을 벗어나는 것은 아니다. 고전 역학의 개념인 '힘에 의한 질량의 가속'이라는 인과 관계가 시공간 나타남에서 확률적으로 표현된 것이다.

자연 법칙은 더욱 새로운 그리고 더욱 난해한 수학적 이론으로 지속 발전되고 있다. 이는 '물리 법칙은 언제 어디서나 동일하다.'라는 보편성을 존중하며 인간이 직접 가서 보고 확인할 수 없는 다양한 자연 현상을 함께 취급할 수 있는 일반적인 이론 법칙을 찾아내고자 함이다. 그런데 최근에는 지금까지 알고 있는 바와는 달리 빛보다 빠른 이동 현상이 확인되고 새로운 입자가 발견되는 등 현대 과학은 아직도 미지의 영역을 헤쳐 나가는 미완의 범주에 머물러 있으므로 그 끝이 어디일지는 아직 가늠할 수 없다.

라. 물질

1) 물질의 근본

근대 과학에서 더 쪼갤 수 없었던 근본 물질로 생각했던 원자(원자의 크기는 약 10^{-8}센티미터)는 원자핵과 그 주변에 산재하는 전자로 구성되어 있고 원자핵은 핵자라고 부르는 중성자와 양성자로 구성되어 있으며 이들 모두는 다시 12종류의 기본 입자들로 구성되어 있다고 한다. 원자핵 내부의 양성자와 중성자는 이들을 구성하는 기본 입자들의 이합집산으로 인해 다른 원자핵과 융합하는 핵융합 반응을 한다. 이에 의해 양성자 한 개와 전자 한 개로 구성된 가장 단순한 수소로부터 출발하여 점점 더 무거운 원자로 융합하며 다른 원자들을 만들어 내게 된다. 이러한 핵융합 반응은 매우 높은 온도와 압력 아래에서만 이루어지며 태양과 같은 별들이 빛을 내는 것은 핵융합 반응으로 높은 열을 내고 있는 것이다.

자연계에는 4가지 근본 힘이 있다고 알려져 있다. 전하와 전하 사이에

科學, 哲學, 神學의 아우름

는 전자기력이 작용하는데 음과 양, 서로 다른 전하 사이에는 인력이 작용하고 서로 같은 전하 사이에는 척력이 작용한다. 그런데 같은 양전하를 가진 여러 개의 양자들이 전자기력의 반발을 이기고 원자핵으로 뭉쳐져 있는 것은 양자들이 서로 당기는 강력이라는 힘이 존재하기 때문이다. 또한 기본 입자들이 변화하는 원자핵의 붕괴 작용에 관여하는 약력이 있으며 물질들이 서로 당기는 중력이 있다. 이러한 모든 힘은 빛의 속도로 전파된다고 생각하고 있다. 입자 물리학은 물질의 기본을 입자로 설정하고 전개되는 물리학이다. 근본 힘이라고 생각되는 전자기력, 강력, 약력 및 중력을 일으키는 것은 각각의 힘을 매개하는 4종류의 보손(boson)이라는 입자의 작용이라고 이해한다. 이 중 중력을 매개한다고 생각하는 입자 이외의 다른 입자들은 가속기 실험을 통해 실재하는 입자로 확인되었다.

물질이라고 할 수 있는 입자들의 질량은 어떻게 나타나는가 하는 의문은 최근 힉스 메커니즘이라는 이론 모델로 설명되었다. 질량이 없는 입자가 힉스 보손이라는 입자 주변에서 특이하게 움직여 질량 효과를 나타낸다는 설명이다. 질량의 근원에 관한 연구의 핵심인 '신(神)의 입자(粒子)'라고도 불리는 힉스 입자가 2012년에 유럽 원자핵 연구소(CERN)의 가속기 실험에서 발견되었다고 보고되었고 2013년에는 힉스 메커니즘을 연구한 공로로 힉스(Peter Higgs, 1925~)와 앙글레르(Francois Englert, 1932~)에게 노벨 물리학상이 수여되었다.

힉스 메커니즘의 설명은 다음과 같다. 질량이 없는 입자는 전하와 힉스 입자를 교대로 흡수하고 내놓음에 따라 회전과 병진이 합해진 자신의 운동 방향성(자연에 존재하는 힘의 특성인 chirality 보존 성질로 설명된다.)을 바꾼다. 그런데 힉스 입자 퍼텐셜이 최소가 되는 위치는 힉스 입자 중심에서 떨어져 있으므로 질량이 없는 입자는 퍼텐셜의 최소 위치로 힉스 입자를 찾아가며 힉스 입자 주변에서 진동하게 되어 질량으로 나타난다. 그런데 전하와 힉스 입자를 흡수하며 나타나는 진동은 입자의 속도에 따라 변하며 빛의 속도에서는 진동이 사라지게 되어 아인슈타인의 특수 상대성 이론처럼 질량이 사라진다고 한다. 공간에는 전하와 힉스 입자가 가득 차 있는데 힉스 입자는 양자 요동에 의해 공간에서 홀연히 나타나고 사라진다고 이해한다. 힉스 메커니즘은 질량이 없는 입자가 전하와 힉스 입자가 갖는 에너지장의 힘에 의해 상호 작용하여 질량 효과를 만들어 내는 과정을 기술한 이론이다. 힉스 메커니즘 이론 모델은 기본 입자들의 측정된 질량을 정확히 이론적으로 산출해 낼 수 있었고 최근 힉스 입자의 발견으로 이론의 신빙성에 힘이 더욱 실리게 되었다. 그러나 질량을 만드는 힉스 입자 자체가 이미 질량을 가지고 있는 등 아직 자체로 충분하지 못한 미완의 이론이어서 앞으로도 오랜 세월 계속 검증되고 보완되며 확증되어야 할 것이다.

물질의 궁극적인 구성과 근본 힘의 연구는 양자장 이론과 가속기 실험으로 이루어지고 있다. 양자장 이론은 원자 내부라는 미시 세계에서의 운동을 확률적으로 다루는 운동 법칙 이론이다. 가속기 실험은 원자의 고속 충돌 파괴에서 나타나는 소립자들의 운동 및 상호 작용을 관찰하는 실험이다. 양자장 이론은 보다 폭 넓게 여러 물리 현상을 설명하려

科學, 哲學, 神學의 아우름

는 목적으로 지속적으로 이론 모델을 개량하고 그 결과는 상응하는 가속기 실험 결과와 비교되어 모델의 입증과 보완에 이르게 된다. 양자장 이론에서는 에너지장과 상호 작용을 하는 기본 입자들이 적절히 정의되어 있다. 앞에서 언급한 12개의 입자들과 힘을 매개하는 4개의 보손 그리고 질량 효과를 만들어 낼 힉스 보손까지 포함되어 모두 17개 기본 입자로 완성된 양자장 이론을 물질의 표준 모형(Standard Model) 이론이라고 한다. 앞으로 표준 모형 이론은 양자 중력 효과가 포함되도록 중력장 이론과 병합되고 확장 보완되어야 하나 지금까지 발전된 가장 성공적인 이론 모델이다. 표준 모형 이론에서 기본 입자들은 에너지의 상태 변화에서 나타난다고 생각하고 있다. 시공간에 가득 차 있는 양자장 에너지가 어느 한곳에서 들떠 올라 혹과 같이 돌출된 것이 기본 입자라고 이해한다.

　물리학 발전 과정에서 수학은 인간이 구상해 낸 물리적 개념모델을 이론으로 표현하는 도구로 사용되며 필요에 따라 새로운 수학 이론이 수시로 도입된다. 지금까지 물질의 근본을 17가지의 기본 입자로 설정한 표준 모델 입자 물리학이 성공을 거두어 왔으나 그 입자들의 더욱 깊은 근본을 밝히기 위한 후속 연구들이 진척되고 있다. 기본 입자와 에너지의 근본을 통합하여 설명하고자 하는 후보 이론 중의 하나인 초(超)끈(super string) 이론은 이러한 수학 이론 중의 하나이지만 아직 물질세계를 다루는 물리학과 순수 이론인 수학의 중간적인 위치에 머무르고 있다고 한다. 초끈 이론은 고차원 공간에서 플랑크 길이인 1.6×10^{-33}센티미터 정도 길이를 가진 두께가 없는 끈 또는 막의 진동 상태에 따라 에너지와 여러 가지 기본 입자들이 만들어진다고 가정한다. 두께가 없는 끈이나 막은 네 번째 차원 공간처럼 물질이 아닌 공간의 구조에 해당하는 셈이다. 그러나 이러한 고차원의 작은 공간은 인간의 현존 능력으로는 실험을 통해 검증할 수 없는 영역이기에 이론적으로만 다루어지고 있다. 공간의 구조나 그 공간에 가득 차 있다고 상상하는 에너지를 바탕으로 물질의 근본을 이룰 입자 같은 존재를 만드는 과정을 설명하려는 수리 모형을 찾는 것이다. 기본 입자보다도 더 근본적인 물질의 근원을 찾는 연구가 끝없이 계속 된다면 이들은 점차적으로 플랑크 길이 보다 더 작은 길이로, 즉 공간이 0으로 소멸되는 곳을 향할 수밖에 없고 여기에서는 불가피하게 공간을 플랑크 길이로 제한하는 입자 물리를 넘어서는 새로운 물리 이론이 필요하게 될 것이다.

물질의 근본이라고 생각되는 에너지는 물리학 교과서에서 소개하는 '일을 할 수 있는 능력'이라는 것 이외에 그 실체가 무엇인지 어디서 어떻게 발원하는지 아직 알지 못하고 있다. 물리학의 발전과 성공 과정에서 인간의 수리 논리는 소중한 도구가 되어 왔고 시공간이 소멸되는 곳으로 향하기 위해서는 앞으로 더욱 더 난해해지겠지만 그래도 만물의 진리를 찾고자 하는 인간에게는 유일한 희망일 수밖에 없다.

마. 물질의 변화

에너지의 변화로부터 기본 입자들이 생겨나고 이에서 우리가 물질이라고 인식하는 질량이 생겨난다. 이들이 모여 핵자들이 만들어져 원자핵을 이루고 여기에 기본 입자의 하나인 전자가 합쳐져 원자가 된다. 원자

科學, 哲學, 神學의 아우름

들은 전기적 성질들에 의해 서로 뭉쳐져 분자가 되고 우리 눈에 보이는 우주 만물로 나타난다. 이것이 물리학에서 찾아낸 물질 변화의 족보이다. 에너지와 미립자들의 파동적 운동은 우리 눈에 보이는 물질 깊은 곳 원자핵의 내부에서부터 분자들의 외곽을 구성하는 전자들에 이르기 까지 물질 전체 도처에서 일어나며 물질의 변화를 만들어 낸다.

질량을 가진 물질들의 변화를 살펴보자. 기본 입자로 구성된 중성자와 양성자가 뭉쳐진 원자핵이 에너지인 방사능을 내며 변하는 것을 원자핵 붕괴라고 한다. 또한 원자핵은 여러 가지 다른 원자핵과 에너지들로 분열되기도 하고 다른 핵과 융합되기도 한다. 이들을 각각 핵분열 반응과 핵융합 반응이라고 한다. 원자는 다른 원자와 전자를 공유하거나 교환하면서 서로 엉겨 붙어 분자를 이룬다. 수소 가스라고 하는 가장 간단한 수소 분자는 수소 원자 두 개가 결합되어 있는 것이고 물처럼 산소 원자 1개와 수소 원자 2개가 뭉친 간단한 것도 있지만 유기 분자들은 수십만 개의 원자들이 엮여진 거대 분자들도 있다. 가장 복잡한 분자 시스템은 생명체를 구성하는 생체 분자들이다. 이들은 단순한 원자들의 뭉침이 아니라 전체가 유기적인 시스템으로 작동되어 생명을 유지하는 공장으로써의 기능을 발휘하는 생체를 이룬다. 에너지로부터 시작된 물질이 가장 복잡하고 다양하게 변화된 것이다.

핵붕괴 반응은 핵을 구성하고 있는 요소들의 에너지 분배와 상대적 운동이 핵을 구성한 이후 시간이 지남에 따라 변화하여 내부 상태가 불안정하게 됨에 따라 보다 안정된 상태의 핵으로 변화하는 것으로 이해하고 있다. 시간의 흐름에 따른 변화의 원인은 아직 알려져 있지 않지만 이는 가장 정교한 물질 고유의 성질이라고 생각되고 있다. 표준 시계로 사용되는 가장 정확한 시계는 바로 핵붕괴 반응을 이용하는 원자시계로 만들어진다. 핵분열 반응은 안정된 상태에 있던 원자핵에 중성자가 주입되면 원자가 불안정한 상태가 되어 에너지를 내며 쪼개져 또 다른 안정된 상태로 나누어지는 현상이다. 핵융합 반응은 서로 떨어져 안정된 상태에 있는 작은 원자핵들이 외부 환경에서 새로이 주어진 강한 에너지와 압력을 받아 뭉쳐져 새로운 안정된 큰 원자핵으로 변하는 반응이다. 원자의 안정된 구조는 가장 간단한 수소 원자의 경우 운동 방정식인 양자 역학 계산에서 정확하게 확인되며 보다 큰 원자의 경우 계산은 너무 복잡해져 직접 산출하지는 못하지만 원자 주변에 나타나는 에너지장인 원자 간 퍼텐샬 모델을 사용한다. 원자가 여러 개 모인 분자의 경우에도 동일한 개념인 분자 간 퍼텐샬이라는 에너지장 모델이 사용된다.

내부적 변화 또는 외부 환경 변화에 의해 불안정해진 상태에서 보다 안정된 상태로 변화하는 물질 변화 원리는 원자들의 세계에서는 물론 원자들이 모여 이룬 분자 세계에서도 동일하게 나타난다. 분자를 다루는 화학에서는 분자들의 이합집산인 모든 화학 반응 변화를 불안정한 상태에서 안정된 상태로 이전하는 변화로 취급한다. 이를 위해 불안정 상태의 거시적 척도인 자유 에너지를 최소화하는 평형 상태 방정식을 사용한다. 물질 자체의 원소적 또는 화학적 변화를 수반하지 않는 원자나 분자들의 열역학적 상태 변화 역시 온도나 압력 등 외부 환경 변화에 따라 보다 안정된 상태로 변화를 하며 고체 액체 기체 등으로 바뀌는 것이다. 물질의 열역학적 상태 변화 추이는 엔트로피를 최대화하는 방향으로 설명되기도 한다. 그러나 더 근본적으로는 원자 간 또는 분자 간 작용하는 퍼텐셜 에너지 모델로부터 시스템을 이루는 모든 입자들의 운동을 계산하여 안정된 상태인 평형 상태를 산출함으로써 나타난다. 엔트로피가 증가하는 방향은 평형 상태로 향하는 변화 방향이다. 이러한 계산 기법을 분자 동력학이라고 한다. 이와 같이 물질의 모든 변화는 내부 변화는 물론 주변 환경의 변화에 따라 불안정하게 된 물질 시스템이 변화에 맞추어 새로운 안정된 상태인 '평형 상태', 즉 시간적으로 더 오래 유지될 수 있는 방향으로 변하는 것을 나타낸다. 이러한 변화는 무생물뿐만이 아니라 생물계에서 더욱 돋보이는 변화이다. 모든 생물은 고유 기능인 에너지 대사 작용을 통해 필요한 에너지와 물질을 흡수하여 자신의 시스템을 유지하려는 생존 노력을 한다. 이에 더하여 생물은 다양한 형태의 생식 작용으로 자신을 복제한 후대를 남긴다. 우리는 이것을 생물의 '생존 생식 본능'이라고 한다. 인간을 포함한 모든 생물의 생존 생식 본능은 물질과학적인 견지에서 볼 때 물질계 전체에 공통된 '안정화 추구를 위한 변화'의 하나라고 할 수 있다.

　지금까지 살펴본 물질 변화를 요약한다면 원자핵에서 시작하여 원자들의 시스템과 분자들의 시스템, 그리고 생물과 인간의 생존 생식 본능까지도 모든 물질의 모든 변화 추구는 '안정화 추구를 위한 변화'이다. 이러한 변화는 원리적으로는 미시 세계를 기술하는 확률론적 운동 방정식과 에너지들의 성질에 의해 예측될 수 있는 것이다. 그런데 물질의 근본 성질과 운동 법칙이 이러한 변화를 만들어 내고는 있지만 각양각색 다양한 모든 물질들이 왜 똑같이 안정화 지향이라는 변화 추세를 나타내는가 하는 관념적 의문에는 마땅한 답을 찾을 수 없다. 물리적으로는 물질의 성질과 운동 법칙의 결과가 그냥 그렇게 나타나는 것뿐이다.

3
생물과 인간에 대한 과학적 이해

신의 자손 또는 신의 피조물로 여겨 온 고대 이래 인간에 대한 과학적 이해는 인간을 생물의 일종인 생명체로 보려는 유물론적인 안목으로 발전되어 왔다. 이러한 안목에 의해 인간 신체의 기능은 물론 마음까지도 생물학적인 메커니즘, 즉 물질의 이동과 생화학적 반응에 의해 일어나는 두뇌 속 신호 체계의 정보 흐름으로 이해하려 하고 있다.

가. 생물과 인간의 탄생과 진화

약 137억 년에 이르는 우주 역사 중 지구가 만들어진 때는 약 45억 년 전이라고 한다. 지구의 생물은 지구가 생겨난 후 수억 년이 지난 약 30~40억 년 전 지구를 덮고 있던 물에서 최초의 생물인 원세포(proto cell)가 생겨났다. 사람의 세포 중 가장 작은 세포의 크기가 10^{-3}센티미터 정도이니 이는 원자 크기의 약 10만 배에 해당한다. 물리적으로 볼 때 원자들이 모여 이룰 수 있는 무한한 종류의 유기 화학 반응 중 매우 희귀한 확률로 나타날 이중 나선 구조(double helix chain)를 가진 복제 가능한 분자가 나타났고 더더욱 나타날 확률이 희박한 생물 세포(cell) 구조가 생성된 것이다.

세포는 자신을 복제할 수 있는 공장으로써의 능력을 갖추도록 서로 다른 분자들이 절묘한 조합으로 모여들어 기능을 이룬 시스템으로서 이들의 분업화된 협업으로 물질과 에너지를 선택하고 수송하여 복제를 지속하는 것이다. 이어서 시간이 흐름에 따라 물속에서 산소를 생산하는 광합성 화학 반응을 할 수 있는 남조류(blue-green algae) 세균이 생겨났는데 이로써 대량의 생명체가 나타날 수 있는 지구 환경이 조성되었다. 이후 지구의 변화와 우주의 영향을 받아 세포의 변이를 포함한 다양한 진화가 이루어지고 있다. 지구 물리학 지질학 생물학 등 여러 학문의 연구 결과는 지구 환경의 변화와 함께 다양한 생물종의 나타남과 번성과 멸종 그리고 새로운 종의 나타남 등 수많은 변화를 겪으며 오늘에 이르게 되었다고 지구 생물의 역사를 말하고 있다.

무생물에서 생물이 생겨난 화학적 변화 과정은 여러 모델들이 있으나 아직도 확실하게 밝혀내지는 못한 상태이다. 생물의 탄생에 필요한 유기물이 혜성이나 운석에 포함되어 외계에서 유입될 수도 있었다고 한다. 또한 고대 지구의 자연 환경 속에서는 물론 지구가 형성되기 이전의 원시 행성계에도 수증기와 탄산가스 질소 등 각종 기체가 함유된 대기가 있었으므로 이 속에서 번개나 유성의 충돌 등 고에너지 발생에 의해 각종 유기물들이 화학적으로 합성될 수도 있었을 것이라고 한다. 유기물이 포함된 혜성과 운석들의 존재는 이미 확인된 사실이고 원시 상태를 재현한 실험실에서의 간단한 유기물 합성도 확인이 된 것들이다. 간단한 유기물들의 합성은 필연적으로 복잡한 유기물의 합성으로 전개된다. 따라서 비록 합성될 확률이 0에 가깝다고 할지라도 우호적인 환경과 충분한 시간이

　科學, 哲學, 神學의 아우름

주어진다면 매우 크고 특이한 유기물 종류인 생명체의 탄생까지도 가능하게 된다고 보고 있다. 바이러스는 복제 기능을 가진 단백질 덩어리로는 합성되었으나 물질과 에너지를 스스로 조달할 수 있는 공장인 생물 세포로는 발전되지 못한 것이다. 무생물과 생물 사이에 존재하는 바이러스가 존재하는 것은 물리 원리적으로는 모든 종류의 화학 반응이 일어나고 있다는 방증이라고 말할 수 있다.

세포들의 변이에 의해 변화된 생명체는 주변 환경에 적응하지 못하면 멸절하고 환경에 적응하면 더욱 번성하게 되므로 생물은 환경 변화에 적응하려고 노력하며 변해 온 것처럼 보인다. 이러한 변화 적응에 의한 생존 과정을 '생물의 진화(進化)'라고 한다. 생물의 생존 본능은 바로 진화의 동력처럼 느껴지는 것이다. 과학은 모든 생명체가 지속적인 진화를 통해 변화되어 왔다고 설명한다. 이러한 진화론적 설명은 각종 화석 발굴을 통해 입증되어 왔고 지구 물리 지질학 고생물학 및 최신 생명 공학 연구를 통해서도 그 타당성이 확인되고 있다.

인간은 생물의 진화 과정에서 약 350만 년 전에 유인원의 일족에서 분리되어 여러 갈래로 진화된 생물이라는 것이 진화를 연구하는 과학계의 정설이다. 왜 그 시점에서 어떤 과정으로 인간이 태어났는지는 아직 알 수 없다. 인간을 포함한 모든 생물은 지금도 계속 진화하고 있으므로 인간이 먼 미래의 지구 환경에서도 적응하며 진화하여 번성할 수 있을 것인지 또는 어떤 새로운 생물종이 인간을 대체할 것인지는 알 수 없다.

나. 생물과 인간의 지적 능력

　생물의 지적 능력에 관한 과학적인 이해는 뇌 과학과 생물학에서 다루어진다. 식물에 비해 동물은 월등한 지적 능력을 가지며 다른 동물에 비해 인간은 더욱 출중한 지적 능력을 가지고 있다. 지적 능력을 담당하는 생체 조직이 모호한 식물의 지능에 관한 연구는 매우 초보적인 수준이지만 연구 결과는 영양분과 물과 햇빛을 찾아가는 생존과 관련된 기능에서 지적 능력이 감지된다고 한다. 동물은 지적 능력을 발휘하는 생체 조직인 두뇌를 가진 생물이다. 두뇌 기능은 생화학적 반응과 전기화학적 신호 체계를 통해 컴퓨터 기능과 유사하게 정보를 처리하고 그 정보로 육체를 조정하는 것으로 이해되고 있다.

　식물이든 동물이든 그들의 지적 능력은 변화무쌍한 환경 변화를 견디며 생존하고 자신의 생물 정보를 이어 나갈 후대를 생식하는 본능에 충실하도록 적응되고 발달되어 왔다. 무수히 오랜 세월 동안 여러 대에 걸쳐 이러한 발달을 이룬 것이 마치 생물이 체계적인 고도의 지적 능력을 갖춘 것처럼 보인다. 그러나 사실은 무한히 다양한 종들이 새로이 나타나지만 그중에서 대를 이어 살아남은 종만 우리 눈에 발견되기 때문에 그렇게 보이는 것일 뿐이다. 살아남은 종들은 육체적 강인함 외에도 그들의 지적 능력이 주변 환경의 인과적 변화 추세를 학습하여 생존 생식 능력을 보완할 수 있었기 때문에 환경 변화를 극복한 것이다. 따라서 오랫동안 살아남은 생물종의 지적 능력은 생존 생식 용도를 중심으로 진화해 온 것처럼 나타난다.

인간은 독보적인 지적 능력을 사용하여 진화의 무대가 되는 환경의 변화에 자신의 육체만이 아닌 과학 기술로 대응하고 있으므로 현존하는 다른 생물종에 비해 가장 우수한 생존 능력을 가지고 있는 셈이다. 21세기 인간은 기계와 로봇을 사용하고 인공 지능과 같은 인간의 두뇌 능력을 확장할 수 있는 능력을 갖기에 이르러 생물의 먹이 사슬에서 최상위 포식자에 위치하고 있다. 뇌 과학 연구에서 말하는 인간의 출중한 지적 능력의 근본인 메타(meta) 인지 능력과 회귀적(recursive) 사고방식은 두뇌 세포의 구조적인 진화와 자신의 지적 능력으로 업데이트된 소프트웨어 능력의 지속적 진화로 얻어졌을 것으로 이해된다. 마치 반도체 구조 속에 구현시킨 내장형 소프트웨어(embeded software)처럼 두뇌 세포 조직에도 그러한 소프트웨어 기능이 형성될 수도 있다. 그러나 왜 인간의 두뇌만이 그러한 지적 능력을 갖도록 진화되었는지는 알 수 없다.

　인간의 지적 능력은 다른 생물들과는 달리 생존 생식 용도를 넘어 순수 관념적인 세계에까지 이른 것이 특징이다. 물질세계에는 존재하지 않는 관념의 세계에서 진선미와 영원한 생명을 추구하며 물질세계를 운영하는 자연 법칙을 찾아내고 우주의 시종을 알아내려고도 한다. 다른 생물들의 지적 활동을 연구한 결과와 비교해 보면 인간의 순수 관념 능력은 인간에게만 고유한 것으로 나타난다. 인간과 가장 가까운 침팬지와 보드보(피그미 침팬지)의 지적 활동을 연구한 결과는 생존 생식에 관한 그들도 인간과 유사한 정치적 판단과 행동을 하며 자연 상태의 도구도 사용하고 훈련을 거치면 의사 표현까지도 할 수 있다고 한다. 그러나 그들에게서는 추상적인 사고와 장기적인 기억력이 미약하다고 한다. 즉 인간이 갖고 있는 메타 인지 능력과 회귀적 사고 능력이 없는 것이다. 따라서 추상적인 사고 공간에서 가능한 모든 정보를 취합하고 융합하여 이루어지는 인간의 순수 관념 능력은 인간만이 갖고 있는 두뇌의 특별한 기능에서 발휘되는 것임을 알 수 있다.

　이 책의 제Ⅰ장에서 살펴보았듯이 인간의 순수 관념 작용은 그 시작이 신학과 철학과 과학이 함께 탄생되고 분화된 인간 삶의 역사 속에서 이루어진 것이다. 그 역사의 시작은 다른 생물과 마찬가지로 생존 생식을 위한 목적이었다. 그러나 인간은 생존 생식의 목적을 넘어 순수 관념의 세계로 자신의 지적 능력을 확장시켜 왔다. 인간은 만물의 이치를 밝히고자 하는 진리 추구 이외에도 순수 관념의 세계 속에서 물리적 실체의 하나인 자신의 존재 의미를 찾아왔고 물리적 실체가 아니면서 실재할지도 모르는 존재를 찾으려 노력해 왔으며 관념 작용 자체의 관념적 이해를 위한 인식론(認識論)까지 연구해 왔다. 철학과 신학에서 이룩해 온 찬란한 역사는 다른 생물과 달리 인간만이 추구해 온 순수 관념 활동을 나타낸다.

　물리적인 관점에서 인간의 마음이나 정신은 두뇌의 생체 기능적 활동으로 조성되는 관념적 결과이다. 역사적으로는 마음과 정신이 물리적인 현상들과 결부되어 신비한 현상으로 나타나 이를 과학적으로 추적한 연구들도 수행되었다. 그러나 아직까지 과학적으로는 마음과 정신의 기능은 자신의 육체를 통제하는 내부적인 기능으로 한정되어 이해되고 있다. 사실 이 내부적인 기능만으로도 이웃과 주변의 정신과 마음은 물론 세상과 역사에 미치는 영향은 대단했으므로 마음이나 정신은 텔레파시나 투시적 예지와 같은 신비한 작용이 있다고 상상할 수도 있는 것이다. 그러나 물리적 관점에서는 인간과 삼라만상은 우주 공간에 담겨 있는 존재들이다. 따라서 마음과 정신은 우주라는 시공간 안에서만 상호 소통할 수 있을 뿐이다.

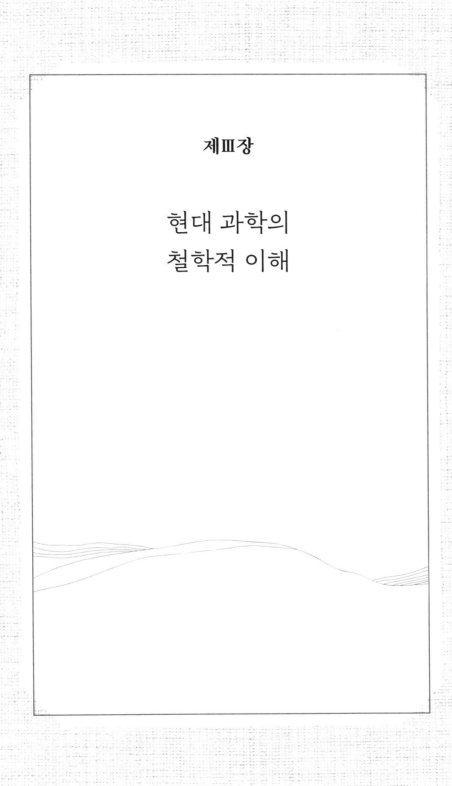

제Ⅲ장

현대 과학의
철학적 이해

우리는 제Ⅱ장에서 현대 과학이 찾아가고 있는 우주 만물의 근원과 변화 원리에 대해 살펴보았으나 아직 그 전모를 알 수는 없다는 것이 현재까지의 결론이다. 비록 과학이 찾아갈 길은 아직도 요원하여 언제쯤 결론에 접근하게 될지 알 수는 없지만 20세기 이후 현대 과학이 찾아낸 결과는 19세기까지 근대 과학이 이룩했던 그것과는 너무나 다르다. 한편 제Ⅰ장에서 살펴보았듯이 과학과 철학과 신학의 관계 발전은 현대 과학이 태동될 무렵부터 거의 단절되어 최근까지 거의 각자 도생의 길을 걸어 왔다. 근대 과학이 이룩해 낸 19세기 말 당시의 과학적 진리는 철학에 기계적인 세계관이라는 새로운 안목의 근거를, 신학에는 관계 단절의 계기를 주었다. 그 이후 20세기를 살아오며 철학도 신학도 많은 변화를 이루어 과학과의 관계 발전이 요구되는 시대가 되었으나 아직 과학 발전 결과의 철학적 신학적 되새김은 활발하지 못한 실정이다.

과학은 현실 세계에 존재하는 것들의 근본을 찾고 그 변화의 원리를 찾아내려는 노력이다. 철학과 신학은 물질과 에너지처럼 현실 세계에 실체적으로 존재하는 것들을 물리 실체라 하여 그 세계의 존재 의미와 변화

의미를 궁극적 근원을 찾아 설명하려는 관념적 진리 추적 노력이다. 그런데 과학에서 탐구된 결과들로부터 존재와 변화의 관념적 의미를 도출하는 것이 가능한 일인가? 또 그것이 가능하다고 해도 철학이나 신학과 같은 관념 세계를 다루는 학문에 무슨 의미가 있는 일인가?

물리학에서는 관념적 의미나 이유를 찾을 수 없다. 물리적 성질과 시공간 조우에 따라 별다른 이유 없이 당연히 그렇게 된 것일 뿐이다. 물리학은 그 당위성을 부여하는 법칙과 성질을 분석적 방향에서 찾아내는 학문이지 결과적으로 나타난 현상을 취합하여 관념적 의미를 추출하는 학문이 아니기 때문이다. 물리학으로써 인간의 순수 관념 영역을 접근할 수 없는 이유는 인간이 갖고 있는 순수 관념 능력의 근원에서부터 자명하다. 인간은 메타 인지 능력으로 추상적인 세계를 탐구하는데, 추상 세계에서 융합되고 분류되어 의미가 부여되고 그 가치와 서열이 나타난 두뇌 속 정보 체계는 추상 세계 자체를 그 탐구의 대상으로 삼을 수 없는 물리학으로써는 접근할 수 없는 사고 공간인 것이다.

물리학 연구에서 찾아내는 물리 법칙 자체는 물리 실체인가? 아니다. 그것은 물리 실체들이 나타내는 규칙적이고 보편적인 속성들을 인간의 관념 속 논리를 통해 단순하고 집약된 법칙의 형태로 찾아낸 것이다. 그것은 물리 실체로서 존재하는 것이 아니고 인간의 관념 속에 존재하는 것이다. 그러나 만물의 존재와 변화가 인간의 논리를 통해 단순하고 아름다운(?) 법칙으로 압축된다는 것은 물리 실체라는 존재가 실재하는 것처럼 관념적인 존재의 실재를 의미한다고 생각될 수 있는 것이다. 인간이 사라진다면 인간의 관념에서 찾아낸 물리 법칙도 사라지는가? 아니다. 물리 실체 세계가 존속하는 한 물리 법칙은 사라질 수 없다. 다만 이를 아는 존재가 사라질 뿐이다. 그렇다면 관념 작업을 다루는 학문의 영역에서는 인간의 관념 작업으로 찾아낸 물리 법칙이라는 관념의 실재성을 밝히고 그 근원을 찾아보는 후속 관념 작업이 필요하다. 그런데 관념 작업은 철학과 신학의 영역이다. 따라서 관념 작업을 위해 철학과 신학에서 물리 실체 세계와의 보편적 진리성을 공유하기 위해서는 물리학의 탐구 결과를 관념적으로 소화하고 함유하여야 한다. 여기에서 시도하는 현대 물리의 관념적 이해는 이의 일환으로 이해되어야 한다.

 이 장에서는 현대 과학이 우주 만물의 기원을 향해 찾아가고 있는 현황을 종합하여 기점으로 삼고 그 나아가는 방향을 향하여 추구되는 정성적인 논리적 외삽(外揷, extrapolation)을 통해 관념적 의미를 도출한다. 이미 제Ⅰ장에서 논의하였듯이 정성적인 인과율 논리 전개의 결과는 논리 전개가 여러 단계 진행될수록 오류가 누적되어 의미 없는 담론에 이르게 된다. 따라서 이 장에서 사용되는 정성적 논리 전개는 제Ⅱ장에서 소개된 현대 과학의 발전 현황과 지향 방향으로부터 개념별로 최소한의 정성적 전망으로 한정한다.

1
시간의 의미와 태초

시간은 변화의 척도이다. 상대론은 물질의 운동 속도에 따라 질량과 함께 시간 즉 물질 자신의 변화 빠르기가 변하며 주변의 다른 물질과 에너지의 존재에 의해 나타나는 중력에 의해서도 변한다는 것을 밝혀내었다. 한편 현대 우주론에 의하면 시공간 우주는 시공간이 크기 0, 즉 공간도 시간도 소멸한 곳에서 에너지와 함께 갑자기 팽창되고 있는 것으로 설정하는데 사실 팽창 첫 순간 무슨 일이 있었는지는 알지 못하고 알 수 있는 근거도 없다. 현대 우주론을 따르면 시간은 공간과 함께 나타난 것이니 우주 만물은 시원(始原)에서 나타나며 변화가 시작된 것이다. 나타남은 변화의 시작이다.

물질이 특정 속도로 변화하는 물질 속 시계에 대한 물리학적 이해는 아직 밝혀져 있지 않다. 그러나 관념적 안목으로 볼 때 제Ⅱ장 특수 상대성 이론에서 살펴본 원자시계의 변화와 같이 물질이 변화한다는 것은 물질을 구성하는 질량 속에 시계가 내재되어 있다는 것을 의미하므로 물질의 변화를 나타내는 시계는 질량이 만들어지는 과정 속에서 찾아져야 할 것이다. 제Ⅱ장 물질의 근본에서 설명한 힉스 메커니즘의 질량 발생 과정은 질량이 없는 에너지 입자가 공간에 만연한 전하와 힉스 입자를 흡수하고 내놓는 반복 작업을 하며 힉스 입자 주변으로 진동함으로써 질량으로 나타나는데 이 질량 발생 과정은 에너지 입자의 운동 속도에 따라 달라진다고 한다. 그렇다면 질량에 내재된 시계란 바로 그 질량 발생 과정이 운동 속도에 의해 달라지는 현상, 즉 '전하와 힉스 입자를 교대로 흡수하며 진동하는 현상'과 관련이 있는 셈이다.

질량과 에너지의 존재에 의해 4차원 시공간이 휘어지고 이에 따라 주변에 있는 물질에게 중력이 느껴지고 시간 흐름의 빠르기도 달라진다는 일반 상대성 이론에 의한 시간 흐름의 변화는 시공간 변화의 메커니즘은 물론 중력의 전달 매체라고 생각되는 기본 입자조차 아직 그 존재가 확인되지 않았기 때문에 아직 정확한 관념적 의미를 추출할 수는 없다. 다만 질량과 에너지가 포함되어 나타나는 현상이므로 시간 변화와 연계되는 질량 발생 메커니즘과도 어떤 미지의 관련성이 있어야 할 것이다. 따라서 힉스 입자가 발견된 이 시대 이후 질량 생성 과정과 함께 질량과 에너지로부터 시공간의 변화와 중력이 나타나는 메커니즘에 대한 연구가 계속된다면 언젠가 물질의 근원과 연관된 물리적 메커니즘 설명으로 시간의 정체가 확인될 것으로 기대된다. 그런데 물질의 근원은 질량으로 에너지로 그리고 최종적으로 공간으로 그 근원을 찾아가게 되므로 결국 시간은 공간에서 나타난 것이라고 이해할 수 있다.

현대 물리학의 연구 현황을 종합하면 시간과 태초의 개념에 대한 관념적 이해는 다음과 같이 전망될 수 있다.

科學, 哲學, 神學의 아우름

"현대 우주론을 따르면 우주 삼라만상의 시작인 태초는 시공 연속체의 개념으로써 시간과 함께 공간의 나타남으로 이해되어야 한다. 공간이 0 으로부터 나타남 자체가 시간이 0으로부터 출발한 변화의 시작이다. 그런데 물질의 변화 속도를 의미하는 물질에 고유한 시계는 아직 그 정체가 밝혀지지 않았지만 결국 물질의 근원인 질량과 에너지에서 유래하는 것이라 할 것이다. 그렇다면 질량은 에너지에서 에너지는 공간에서 유래하는 것이니 시간은 결국 공간에서 발현한다 할 것이다."

2
공간과 우주의 시원

우주론은 에너지를 머금은 시공간의 팽창을 다룬다. 팽창이 시작된 이후 공간은 빛의 속도로 전파되는 에너지와 함께 지금도 팽창되고 있는 유한한 곳이 되는데 지난 137억 년 동안 팽창된 공간에 플랑크 길이와 비교될 정도의 미세한 크기를 갖는 네 번째 공간 차원과 같은 공간 구조들이 변함없이 가득 차 있다면 공간은 빅뱅 이후 풍선처럼 부풀어 오르는 등방성(等方性) 팽창을 하는 것이 아니고 동일한 공간 구조들이 지속적으로 증설되며 커져 가는 생체(生體)의 성장과 같다. 즉 공간은 그냥 부풀어 오르는 것이 아니라 생체 세포가 증식되며 자라는 것처럼 공간의 기능성 구조가 증식되며 성장하는 것이다.

19세기의 관념적인 정의에서 물리 실체는 '시공간을 단독으로 점유하는 존재'이었다. 한편 오늘날 당연히 물리 실체라고 받아들이고 있는 빛을 구성하는 광자들은 시공간을 서로 공유하는 성질을 가지고 있다. 입자 물리학의 표준 모형에서 이들은 시공간을 공유하는 성질을 가진 보손이라는 기본 입자들이다. 따라서 물리 실체에 관한 관념적 정의는 '시공간을 독점적으로 점유하는 존재'를 넘어 '물질과 일정한 법칙에 따라 상호 작용을 하여 그 존재성을 드러내는 존재'로 확장되어야 한다. 이미 위에서 분석한 바와 같이 질량에 의해 휘어지고 변형되는 시공간은 질량을 가진 물질은 물론 질량이 없는 빛까지도 휘어진 통로로 이동하게 한다. 또한 공간에는 네 번째 차원과 같은 구조가 있고 그 구조 속에서 에너지 입자들이 회전 방향에 따라 음전하와 양전하의 성질을 얻는다. 즉 공간은 내부 구조를 가지고 있으며 물질에 의해 휘어지기도 하고 물질의 운동에 영향을 미치기도 하는 것이다. 이렇게 생체(生體)처럼 성장하고 물질과 상호 작용을 하는 공간은 관념적 정의상 물리 실체라 할 것이다.

　우주의 시원을 밝히려는 우주 이론들은 아인슈타인의 일반 상대론인 중력장 방정식이 나타난 이후 지금까지 지속적으로 보완되며 발전되고 있다. 이들의 공통점은 질량에 의해 휘어지는 시공간 연속체 개념을 다루고 있고 시공간의 최초 시작은 시공간이 0으로 소멸하는 점이다. 지금까지 우주론 연구들은 0보다는 약간 큰 공간에서 갑자기 팽창되어 퍼져나간 시공간과 물질 및 에너지의 변화 연구에 치중하고 있다. 만일 우주탐구 연구들이 우주 시원을 규명하는 시공간의 축소 쪽으로 전개된다면 시공간이 0으로 소멸하는 점은 특이점이 되므로 이러한 연구는 시공간이 0으로 사라지는 곳으로 점근적(漸近的)으로 무한히 향해 가야 할 것이다. 시공간이 없는 곳에서는 물리 자체를 논할 수 없다. 따라서 점근적으로 추진될 연구 활동은 시공간이 0이 되는 곳에 도달할 수는 없다. 그러나 물리 실체 세계에서 확립된 인과적 관념으로 볼 때 시공간이 0으로부터 나타나는 발현의 원천은 시공간이라는 실체조차 없는 순수한 무(無)의 세계라고 할 것이다.

우주 만물의 근원을 밝히려는 입자 물리와 우주론 연구는 네 번째 또는 그 이상 고차원의 공간 구조처럼 상상하지 못했던 새로운 것들이 나타나고 다중 우주 연구 등 아직 헤쳐 나갈 길이 매우 요원하나 현재 탐구된 결과들이 의미하고 있는 공간에 대한 관념적 이해는 다음과 같이 요약될 수 있다.

"시공간은 에너지와 질량에 의해 휘어지고 공간은 그 속에 고차원의 구조를 가진 물리 실체이다. 우주의 시작은 에너지와 시공간 구조의 근본을 함유한 공간이 0으로부터 나타남이다. 물리 실체 세계에서 확인된 인과율을 적용하면 우주 만물의 태초 시원(太初 始原)은 공간이라는 물리 실체가 0으로부터 발현된 無의 세계이다."

3
물질의 근원

　만물의 근원을 밝히려는 과학 연구는 그리스 시대 이후 지금까지 항상 다양한 만물을 구성할 '요소' 또는 '근원'을 찾아가는 미시적이고 분석적인 방향으로 전개되어 왔고 점점 단순화로 향하고 있다. 백 수십 종의 원자를 만드는 기본 입자를 다루는 입자 물리 표준 모형은 17개 기본 입자를 설정하였고 이후에 나타난 끈이나 막 모형은 더욱 단순한 공간 구조를 가정하고 있다. 이렇게 '더욱 더 근본적인 작은 부분으로' 향하는 분석적인과 추적은 논리상 무한 반복(infinite regression)적으로 반복될 것인데, 그렇다면 물질의 근원을 탐구하는 미시 세계의 끝은 어디가 될 것인가?

　물질들의 다양성은 과연 물질 근본의 어떤 성질에서 유래되어야 하는가? 다양성을 보장하기 위해서는 두 가지 기본 요소가 필요하다. 하나는 시간에 따라 무한히 분화 또는 증식될 수 있는 성질과 다른 하나는 분화된 존재들이 서로 다른 성질을 갖고 있어 상호 작용으로 무한한 변화를 일으킬 수 있어야 한다. 예를 들어 네 번째 공간 차원은 공간 구조로 인해 두 가지 서로 다른 성질을 갖는 전하를 만드는 데 이들이 이러한 상호 작용의 근원이 된다. 분화 또는 증식될 수 있는 성질은 끈이나 막의 진동과 같은 공간 구조 메커니즘을 들 수 있다. 이들은 진동에 의해 여러 입자들과 에너지를 만든다고 가정하고 있다. 이들과 같이 물질들의 다양성을 설명해 줄 가능성이 있는 모델들은 고차원 공간 구조 모델들이다. 물론 특정한 공간 구조 모델이 실재하는 물리 실체로 검증이 된다면 다음 질문은 또다시 그 모델은 어디에서 어떻게 나타난 것인가 하는 인과 추적이 지속될 것이다. 따라서 물질의 근본은 공간의 크기가 0으로 향하는 공간의 구조 속에서 찾아질 것으로 기대할 수 있다. 이러한 연구 발전 방향을 존중하고 물리 탐구 인과 추적의 무한 반복(infinite regression) 속성을 고려한다면 물질의 근본이 나타나는 근원은 결국 공간이 0으로 사라지는 곳, 즉 공간이 발현되는 無의 세계가 된다.

그렇다면 공간 모든 곳에는 에너지가 가득 차 있고 물질 내부도 공간이므로 모든 것은 공간 내부이다. 그런데 공간은 無의 세계에서 발현되므로 물질세계 전체는 공간의 모든 소멸점에서 無의 세계와 접해 있는 것이다. 예를 들어 내 자신의 육체는 육체를 구성하는 세포 속의 분자, 그 속의 원자, 그 속의 핵자, 그 속의 기본 입자, 또 그를 만드는 에너지 입자 그리고 궁극적으로는 에너지가 발원되는 공간 그리고 마지막에는 공간이 비롯되는 無의 세계에 맞닿아 있다는 의미가 된다. 즉 내 몸 구석구석은 모두 無의 세계로 연결된 것이다. 그렇다면 無의 세계는 물리 실체의 현존 근원(現存 根源)이라 할 것이다. 물질의 근본에 관한 관념적 이해는 다음과 같이 전망된다.

"물질이라고 생각해 온 물리 실체의 근본은 물리 실체인 공간의 구조이

科學, 哲學, 神學의 아우름

다. 그런데 공간이 발현하는 근원은 공간이 0으로 사라지는 無의 세계이다. 공간이 사라지는 모든 점에서 공간은 無의 세계와 맞닿아 있으므로 물리 실체 모두는 無의 세계와 맞닿아 있다. 따라서 無의 세계는 현존하는 모든 물리 실체의 현존 근원(現存 根源)이다."

4
물질 변화의 방향성

원자핵은 서로 다른 기본 입자들이 조합을 이루어 만들어진 것이고 이에 전자가 합하여져 원자가 되며 원자들이 모여 분자를 이루고 이들이 우리 주변의 물질로 나타나는 것이다. 따라서 모든 물질은 기본 입자들이 조합된 상태이다. 그런데 1항에서 논의한 시간의 의미와 태초에서 관념적으로 이해한 바처럼 기본 입자에 고유한 시계는 아직 그 정체를 알 수는 없지만 질량과 질량에 의한 중력 발생 과정에서 나타나는 것이어야 한다. 따라서 기본 입자들이 모여 이루어진 물질의 변화는 질량이 만들어지는 과정에서 비롯된 태생적인 것이라 할 것이다. 그러므로 변화의 궁극 원인은 질량을 만드는 메커니즘이 나타난 원인을 찾아 더 근원적인 인과를 추적해야 하는데 그 추적은 에너지의 성질과 기본 입자들의 근원으로 향하게 된다. 따라서 변화의 궁극 원인은 3항 물질의 근원에서 추론된 바와 같이 공간이 발현되는 無의 세계로 종착될 수밖에 없다.

우리는 제Ⅱ장에서 원자핵의 붕괴로부터 모든 핵반응과 화학 변화와 열역학적 변화는 물론 생물과 인간의 생존 생식 활동에 이르기까지 모든 물질의 변화가 단 하나의 방향으로 일어나는 것을 살펴보았다. 그것

科學, 哲學, 神學의 아우름

은 시간적으로 영원히 존속될 수 있는 '안정된 상태로의 변화'이다. 이것은 물리학적 법칙도 물질을 구성하는 어느 특정 요소만의 성질도 아니다. 물질의 성질과 물리 법칙에 의해 이합집산된 결과 나타난 크고 작은 시스템을 구성한 모든 물질의 변화가 인간의 관념적 안목으로는 각별한 의미를 갖는 보편적 현상으로 나타나는 것이다. 이것은 미래로만 흐르는 시간과 모든 방향으로 움직일 수 있는 공간이 나타난 궁극적 결과라고 이해되어야 한다. 추상적 세계를 들락거리는 인간의 의지나 관념은 구상적 세계만을 그 대상으로 하는 물리학적 탐구의 대상이 될 수 없다. 따라서 각양각색인 물질 시스템에 모두 공통되어 보편적으로 나타난 결과론적 현상에서 이해되는 인간의 관념적 의미는 물리학적으로 그 이유가 추구될 수 있는 것이 아니다.

우리의 물리지식으로는 아직 시공간이 0으로부터 어떻게 나타났는지 그 물리적 세부 과정을 짐작할 길이 없다. 시공간 0의 상태는 물질도 에너지도 물리 법칙도 나타나기 이전이기 때문이다. 그러나 시공간 나타남의 관념적 이유는 시공간이 나타난 이후에 전개된 결과로부터 유추할 수 있을 것으로 기대할 수도 있을 것인데, 이를 위해서는 시공간이 나타난 이후에 나타난 모든 변화와 그 결과인 모든 물리 실체들이 보편적으로 동일한 관념적 의미를 함유하고 있어야 한다. 그런데 우리는 이미 제Ⅱ장에서 그 보편적인 공통적 물질 변화 성질이 '안정된 상태로의 지향'이라는 결론에 이르렀다.

더 이상 변화가 없는 안정된 상태는 물리적으로는 시간이 사라진 상태이다. 그런데 궁극적으로 시간 자체가 사라진 완전한 안정 세계는 시간이 발원되는 공간이 0으로 사라진 無의 세계이다. 따라서 변화가 없는 상태를 추구하는 만물 공통 속성의 관념적 의미는 궁극적으로 無의 세계로 향하는 '정향(定向)된 성질'이라고 할 것이다. 이것은 물리적 법칙으로 추론되는 성질이 아닌 관념적 의미이다.

생물의 진화는 무생물의 변화보다 훨씬 복잡한 과정을 겪는다. 끊임없이 변화하는 생존 여건에서 생물들은 자신들의 본능과 의지에 의한 암수의 짝짓기는 물론 자신의 의지가 아닌 원인인 방사능이나 환경 등 외부 환경 영향에 의한 변이로 끊임없이 얽히고설키는 종의 개량을 지속해 왔다. 그렇게 나타난 무수히 다양한 종중에서 생존 여건에 적합한 종만 오랫동안 살아남은 것이다. 진화의 원인은 아주 다양하고 진화하는 자신만의 의지로 되는 것이 아니므로 물리 법칙으로 나타난 생물들이 물리 법칙에 따라 얽히고설킨 결과가 그렇게 나타난 결과론적인 현상인 것이다. 이러한 결과론적 현상에 대한 인간의 관념적 의미부여 역시 물리학적으로 그 이유가 추구될 수 있는 것이 아니다. 따라서 생물의 진화가 보여 주는 관념적 의미는 '생물은 오래 살아남으려는 방향으로 진화한다.'라고 할 수 있다. 이는 위에서 분석된 '안정된 상태로의 변화'와 동일한 것이다. 이 보편적 성향은 시공간이 나타난 이후 시공간상에서 전개된 모든 물리 실체들의 궁극적이고 보편적인 결과로 이해된다. 물질 변화의 방향성에 관한 관념적 이해는 다음과 같이 요약된다.

"모든 물질은 안정된 상태를 추구하는 보편적 성향을 나타낸다. 관념적으로는 이 보편적 성향은 만물이 시간이 존재하지 않는 無의 세계로 정향(定向)되어 있음을 의미한다. 이 정향성은 물리학적으로는 다룰 수 없는 영역인 추상 세계에서 나타나는 물리 실체 세계의 보편적 성질이다. 가장 복잡한 물질 시스템이자 자신의 의지를 갖는 생명체의 진화 방향도 이와 동일한 성향을 나타낸다."

5
인간의 위상

    물리 실체로서의 인간은 물질 시스템의 한 종류이다. 인간의 육체는 다른 생물과 다를 바 없는 유기물 생체 조직으로 이루어져 있으나 탁월한 지적 능력으로 지구에 사는 생물계 먹이 사슬의 가장 높은 위치를 차지하고 있다. 또한 인간만이 지구상 모든 존재 중 유일하게 우주 만물과 인간 자신의 근본과 정체성을 찾아내고 영원히 살 수 있는 길을 찾아내고자 순수 관념 활동을 경주하는 존재이다. 근본을 찾으려 하는 의지는 인간의 정체성의 일부분인 것이다. 그런데 모든 물질이 변하지 않는 안정 상태를 찾아 無의 세계로 정향되어 있으므로 이러한 인간의 순수 관념 활동도 결국 無의 세계를 찾아가는 여정(旅程)이라 할 것이다. 이러한 순수 관념 능력으로 인하여 인간은 시공간이 나타난 이후 지금까지 전개된 모든 물질 변화의 맨 끝자락에 위치하는 존재라고 할 것이다.

    우주로 눈을 돌려 보자. 공간적으로 상당히 균질하게 분포된 우주의 역사 137억 년에 비해 지구의 역사는 그 3분의 1 정도인 45억 년 정도이다. 따라서 저 넓은 우주 어디엔가 인간보다 우수한 지적 능력을 가질 수 있는 생명체가 존재할 가능성은 충분히 열려 있다. 우주 관측 활동의 한 부

科學, 哲學, 神學의 아우름

분은 이러한 외계 생명체를 찾으려는 노력이 포함되어 있다. 인간이 나타나고 350만 년이 지났지만 인간이 이룩한 과학의 획기적 발전은 최근 수백 년 동안에 이루어진 것이다. 그렇다면 우주 저편에 1억 년이라도 더 오래된 지적인 생명체가 존재한다면 그들의 과학 수준은 어마어마한 수준에 이르렀을 수 있고 그들은 인간이 아직 모르는 존재의 근본을 알고 있을지도 모른다고 상상할 것이다. 한편 우주 천문학 연구는 생물이 나타나고 생존할 수 있는 지구와 같은 환경은 아무데서나 조성될 수 있는 게 아니고 지구와 크기가 그다지 다르지 않는 행성에서만 나타날 수 있는 것으로 판단된다. 우리가 화성 탐사에 공을 들이는 것도 외계 행성 중 지구와 유사한 골디락스(goldilocks) 행성을 찾는 것도 그러한 이유가 있는 것이다. 현재 물질 근본을 찾는 인간의 물리 이론은 플랑크 길이 근방을 논하고 있지만 점근적으로 공간이 소멸되는 곳을 실험적으로 확인하려면 언젠가는 지구 전체가 가진 에너지를 이용한다 하더라도 불가능하게 된다. 이는 물리 법칙의 보편성에 의해 어느 행성에 있는 어떤 존재에게도 마찬가지 조건이 될 것이므로 물질 근본을 찾는 연구에 관한한 지구의 인간과 외계 행성에 있을지도 모르는 인간보다 뛰어난 지적 존재들의 이해는 크게 다를 수 없다. 물론 이로써 여러 가지 기술적 능력이 종합된 문명 수준까지 유사하리라고 기대할 수는 없다. 따라서 현대 물리가 보여주는 물리의 앞날은 지적 외계인에 대한 그러한 상상이 부질없는 일일 것이라는 것을 의미한다. 無의 세계로 향하는 무한 반복 속성을 가진 물질 근본 탐구는 끝이 날 수 없는 반면 이론을 검증해야 할 실험은 동원될 수 있는 에너지 등 물리 세계 자체 능력의 한계가 있으므로 원리적으로 물질 근본은 규명할 수 없는 것이다. 이는 우주 어디에 있는 어떤 존재에게나 마찬가지일 수밖에 없다. 그렇다면 현대 과학이 이룩한 결과와 그 지향하는 방향으로 볼 때 無의 세계로 향하는 순수 관념 능력을 지닌 인간은 물리 실체 세계의 근원에 대한 이해에 관한한 어떠한 외계 지적 존재와도 견줄 수 있는 높은 수준에 도달했다고 할 것이다. 인간의 관념적 위상은 다음과 같이 요약된다.

"물질 근본에 관한 이해는 인간 자신의 정체성에 대한 이해의 일부를 구성한다. 우주 만물과 인간 자신의 정체성을 찾아내려는 인간의 순수 관념 활동은 안정 상태를 향한 無의 세계로 정향된 여정이고 우주 전체에서 차지하는 수준 높은 위상을 나타내는 것이다."

科學, 哲學, 神學의 아우름

6
자연 법칙의 근원

  자연 법칙이란 물리 실체들의 상호 작용과 변화가 일정하게 나타날 것으로 가정하고 이를 밝혀내 변함이 없는 규율 즉 법칙으로 표현한 것이다. 스스로의 의지를 가진 인간의 마음과 행위 그리고 그 인간이 삶을 이루는 인간 사회는 수량만으로 계량할 수 없는 무한히 다양하고 가변적인 속성을 가진다. 따라서 이를 규정하는 사회적 법률은 인간 사회에서 통용되는 문자를 사용하여 유연성을 내포한 포괄적인 의미로 표현된다. 그러나 인간의 경험상 가변적인 자신의 의지가 없이 항상 확정적 반응만을 보이는 무생물들의 물리적 상호 작용과 변화는 단순하고 확정적인 정량적 관계로 표현될 수 있다. 예를 들어 같은 돌덩어리 두 개를 놓으면 언제나 두 배 더 무거운 것이 된다. 물리 실체들의 변화 전후의 상태를 종속 변수로, 변화의 배경과 원인들을 독립 변수로 기호를 사용하여 이름을 정하고 이들 사이에서 변화를 일으키는 인과 관계를 추리하여 수학의 함수 관계식으로 표현한 것을 물리 법칙 이론 모델이라 한다. 물리 법칙 이론 모델에 사용되는 수학은 인간이 고안해 낸 확정적인 관계를 다루는 절대 약속의 학문이다. 대상을 가리지 않고 한번 정의된 기호의 의미는 항상 그 정의만을 지키는 것이다. 수학은 확정적인 물리 법칙을 표현하는 도구이지만 그 정의에 따라 무궁하게 함수와 변수의 관계를 수학적 연산으로 변화하면 자연에서 경험해 보지 못한 새로운 상태도 찾아낼 수 있다. 물리 법칙의 내용은 자연 관찰에서 얻은 다양한 결과와 수학이라는 도구를 사용하여 얻는 이론 모델의 변화 결과가 항상 일치할 때 비로소 그 이론 모델이 물리 법칙으로 확정되고 인정받는 것이다. 100년이 지난 지금도 일반 상대론의 중력 현상을 점검하는 것은 바로 이러한 관행이다.

인간의 무한한 관념 세계 학문인 수학은 과학과 무관하게 자체로 매우 다양하게 발달되어 왔다. 과학은 자연 현상의 특성을 기술하는데 적합한 정의와 연산 특성을 갖는 수학을 찾아 그것을 사용한다. 다루고자 하는 자연 현상이 비상식적이고 복잡할수록 더욱 현학적이고 난해한 수학이 필요하게 된다. 현대 과학의 꽃을 피우고 있는 일반 상대론과 양자장 이론은 근대 과학에서는 사용하지 않았던 수학들을 사용함으로써 얻어진 결과들이다.

현대 물리학은 모든 물질의 모든 변화는 에너지에서 나오는 근본 힘들의 성질과 확률론적 운동 법칙 그리고 일반 상대론 중력장 방정식에 의해 설명되는 것이라고 한다. 중력장 방정식은 시공간이 無에서 시작되는 우주의 변화를 다루고 있으며, 천문학 관측 결과와 일치되도록 지속적으로 보완되며 연구되고 있다. 지금 우리가 알고 있는 중력장 방정식은 아직도 보완을 위한 연구가 계속되고 있으므로 자연 법칙으로써의 완전한 형태는 아니다.

물질의 파동적 운동 원인은 아직 규명되지 않은 물질 고유 성질이라고 간주되고 있다. 그러나 관념적 안목으로는 물질 자체가 에너지의 진동이고 에너지는 태생적으로 파동적 이동을 하기 때문이라고 이해할 수 있다. 미시 세계의 운동이 확률론적으로 나타나는 현상을 결정론적으로 추적하는 것은 불가능하다. 우리는 현재의 확률론적 운동 법칙이 기본 입자들로 설명되는 물질 구조와 그 변화 특성으로 대변되는 자연 법칙으로는 적합한 것이라고 생각한다. 그러나 기본 입자를 넘어 더 근본적인 에너지의 원천과 그들에 의한 특이한 변화 현상이 관찰되고 이에 대한 새로운 이론 모델이 나타난다면 이를 기술하는 수학은 지금의 수학과는 다른 새로운 것이 될 수도 있기 때문에 우리는 아직 자연 법칙의 완전한 모습을 알고 있는 것이 아니다. 이러한 현황을 종합하면 자연 법칙에 대한 관념적 이해는 다음과 같이 정리될 수 있다.

　"현재까지 인간이 이해하는 자연 법칙은 수학적으로 표현된 에너지의 성질과 확률론적 운동 법칙 그리고 중력장 방정식이다. 이로써 우리는 물질 변화를 시공간의 변화와 확률론적으로 기술할 수 있다. 자연 법칙은 긴 시간과 넓은 공간이라는 거시적 안목에서는 나타남의 확률이 100%에 가까우므로 결정론적으로 보인다. 그러나 특정 시공간에서 특정한 변화의 나타남은 아주 낮은 확률에서의 나타남이 되어 비록 확률론적 운동 법칙으로 기술될 수는 있겠지만 그 원인을 특정할 수 없다. 앞으로 물리학의 발전에 따라 더 정확하고 더 심오한 근본을 표현하는 자연 법칙이 나타날 수 있으므로 아직 우리는 자연 법칙의 본 모습을 모르는 셈이다. 현재 우리가 알고 있는 확률론적 운동법칙의 근원은 질량을 가진 물질의 근본인 에너지의 성질이고 이들은 공간의 성질에서 나타나는 것으로 기대되고 있다. 또한 중력장 방정식에 근거한 우주의 근원 역시 시공간의 나타남에서 시작하는 것으로 기대하고 있다. 따라서 현재의 물리학 발전 추세와 인과적 추적의 무한 반복적 성향을 존중한다면 최종적인 자연 법칙의 본 모습은 공간이 발현되는 無의 세계에서 연유하는 것이라고 할 수 있다."

7
인과율의 정체

 생물은 생존 생식을 위해 자신의 지적 능력으로 자연 변화를 학습하고 소화하여 자연에 적응해 왔다. 이를 통해 다양한 변화 현상 속에서 무수한 시행착오를 겪으며 터득한 자연 변화의 변화 성향을 자신의 삶이 속한 이 세상의 인과율이라고 느껴 온 것이다. 이에 더하여 인간은 생물의 선택과 의지는 물론 인간이 추적할 수 없는 미지의 원인까지 반영되는 극도의 복잡한 인과 관계의 결과인 삶의 문제들까지도 인과적 관계로 이해하려고 노력해 왔다.

 이러한 인과율의 다양한 모습은 인간이 경험을 통해 주관적으로 터득한 것이라는 안목에서는 흄의 주장과 부합한다고 볼 수 있고, 인간의 진화 과정을 통해 오랜 세월 터득해 온 경험율이라는 안목에서는 선천성이라고 주장한 칸트의 견해와도 상응하는 것이다. 인간이 자연 변화를 학습하여 터득한 물리적 인과율은 만물이 변화하는 현상의 원인을 시간을 거슬러 추적하는 것이다. 앞에서 살펴본 바와 같이 물질이 변화하는 물리현상을 관장하는 것은 자연 법칙이라고 불릴 수 있는 에너지의 성질과 운동 법칙과 중력장 방정식이므로 현재까지 물리학에서 찾아낸 자연 법칙이 바로 현재 우리가 생각하는 물리적 인과율의 정체가 된다. 물리적 인과율의 입장에서는 인간과 관계없는 객관적인 율이라 할 것이므로 이는 유물론에서 주장하는 바와 같은 것이다.

에너지의 성질과 운동 법칙, 중력장 방정식은 에너지를 함유한 시공간이 나타난 이후에 나타난 법칙이다. 따라서 물리적 인과율이 존재하는 영역은 無의 세계에서 공간이 나타난 이후가 된다. 인과율에 대한 관념적 이해는 다음과 같이 요약된다.

"인간이 체득해 온 인과율은 자연 변화에서 학습해 온 물리적 인과율이다. 그것은 물질 변화를 규정하는 자연 법칙이라고 인식되는 에너지의 성질과 중력장 방정식 및 확률론적인 운동 법칙의 누적으로 나타난 것이다. 인간은 자연 법칙에서 학습된 인과율을 추상적인 관념 활동이 주가 되는 인문 사회 분야는 물론 자신의 운명과 관련된 일에까지 확장하여 적용하고 싶어 한다. 물리적 인과율은 긴 시간과 넓은 공간으로 정의될 거시적 세계에서는 인과적 확률이 100%에 가까운 결정론적으로 나타나기 때문이다. 그러나 물리적 인과율은 시공간이 미시적이 될수록 결정론적 인과성이 낮아진다. 특정한 시공간에서 나타나는 특정한 변화의 원인은 확률적으로 특정할 수 없고 에너지의 근원인 공간이 발현하는 無의 세계에서 연유하는 것이다. 질량과 에너지가 존재하지 않고 공간까지도 소멸되어 물리 자체가 정의되지 않는 無의 세계에는 인간이 학습해 온 물리적 인과율이 존재하지 않는다."

科學, 哲學, 神學의 아우름

8
물리 법칙의 보편성

상대론의 첫 번째 가정은 물리 법칙은 우주 어디에서나 보편적으로 동일해야 한다는 것이다. 즉 자연 법칙은 우주의 보편적 법칙이라는 진리의 보편성을 전제한 것이다. 진리의 보편성은 상대론뿐만이 아니라 사실 모든 학문 연구에서 명시적으로 표현할 필요도 없는 묵시적 기본율로 취급되어 왔다. 이 중에서 물리 법칙의 보편성은 물리학 발전을 통해 수많은 검증과 확인을 받아 온 것이다.

현대 우주론이 설정하는 것처럼 물리적 실체의 근원이 한 점 無의 세계에서 시작되었다면 우주 삼라만상은 공간의 유일(唯一)한 한 점에서 에너지의 성질이라는 유일(唯一)한 인과율 원인이 출발하여 나타난 것이다. 따라서 인과율의 결과인 물리 법칙은 보편적이어야 한다. 물리 연구를 통해 확인된 물리 법칙의 보편성은 물리 실체의 근원이 한 점 無의 세계에서 시작되었음을 방증해 주는 것이고, 보편성은 율이라고 할 수 없는 결과 현상인 것이다. 따라서 자연 법칙과 인과율이 없는 無의 세계에서는 보편성을 기대할 수 없다. 물리 법칙의 보편성은 다음과 같은 관념적 이해로 요약된다.

"자연 법칙과 인과율의 보편성은 물리 실체의 근원이 한 점 無의 세계에서 시작되었다는 것을 방증해 준다. 자연 법칙과 인과율은 그 결과이므로 유일한 원인이라는 실체가 빚어 놓은 현상이다. 無의 세계에서는 보편성을 기대할 수 없다."

科學, 哲學, 神學의 아우름

9
과학과 철학의 분기점

　현재의 물리학 연구는 끊임없이 물리 실체의 근원을 밝히려는 더 깊은 근본 원인을 찾아갈 것이고 그 방향은 無의 세계를 점근적으로 접근하는 공간의 구조와 성질로 향하고 있다. 다만 물리적 실체를 다루어야만 하는 물리학이기에 공간이 사라지기 직전 상태까지만을 그 탐구 대상으로 논할 수 있는 것이다. 실험과 측정을 통한 확인이 필수적인 물리 연구는 실험 능력의 현실적인 한계로 언젠가는 실험이 불가능한 과학의 한계점에 이를 수밖에 없지만 이론적으로는 無의 세계에 진입하기 전까지 근원을 묻는 작업은 무한히 반복(infinite regression)될 수밖에 없다. 따라서 최종적인 근원을 묻는 작업은 無의 세계로 무한히 접근하는 점근선(漸近線)을 넘어 無의 세계 자체에서 찾아질 수밖에 없다. 그곳은 과학의 종착점 이후의 철학적 영역이 된다. 진리를 향해 매진해 온 과학의 종착점은 과학이 진리 탐구를 위해 사용해 온 정량적 수리 논리와 정량적 실험 수단의 용도 한계 만료를 의미하는 것이지 진리 탐구의 완성을 의미하는 것은 아니다. 진리로 향하는 물리적 탐구 노력의 이론적 한계는 물리 실체 세계의 구상적 대상이 소멸되는 '공간이 사라지는 곳'에서 종료되고 그 너머에서는 공간조차 없는 추상적 세계를 탐색하는 순수한 관념적 방법의 영역이 되는 것이다. 에너지와 공간의 근원이 소멸하여 無의 세계로 향하는 경계는 과학이 철학으로 분기하는 분기점이다.

　과학과 철학의 분기는 과학은 실체를 그리고 철학은 과학에서 찾아낸 것의 의미를 따로 따로 분담하여 진리를 탐구하는 것이 아니라는 것을 의미한다. 과학적 방법으로는 더 이상 만물의 근본을 탐색할 수 없는 '공간이 사라지는 곳'에서부터 그 근본을 계속 탐색하고자 하는 대안이 철학이 되는 것이다.

10
인간의 관념 작용

    과학의 분기점을 지나 철학으로 들어와 보편성 담보도 없는 정성적 관념으로 탐색되어야 하는 관념 세계는 물리 세계와는 완전히 달라 무한히 다양할 수 있고 상호 역설적인 것들도 공존할 것이다. 신학과 철학의 역사에서 나타났던 수많은 논쟁과 다양성들은 이러한 특성의 편린들이 표출된 것이라고 이해될 수 있다.

    다른 생물과는 달리 인간은 자신의 생존이나 생식과는 무관한 순수 관념의 추상적 세계로 자신의 지적 능력을 확장시켜 왔다. 이는 인간의 지적 능력에 순수 관념이라는 작업이 할당되었기 때문에 이루어진 것이다. 지적 능력의 물리적 기능 자체는 어디까지나 물질 대사와 전기 화학적인 신호 전달이라는 뇌 구조 속의 물리적 유동 현상을 물리적으로 이해할 때 해당되는 것이다. 따라서 순수 관념과 같은 특정한 의미를 가진 추상적 사고의 내용을 물리학적인 이해의 대상으로 삼을 수는 없다. 이는 마치 컴퓨터의 하드웨어와 전기 회로에 흐르는 전기 신호만으로는 지금 연산 처리되고 있는 데이터의 의미를 알 수 없는 것과 마찬가지이다. 그 데이터의 의미는 컴퓨터를 사용하는 이에 의해 자의적으로 부여되는 것이기 때문이다. 따라서 인간의 순수 관념 추구는 인간 자신의 선택에 의한 것이라고 할 수 있다. 그런데 그 선택은 인류 탄생 초기 세계 도처로 이산되어 서로의 소통이 불가했던 시대부터 세계 도처에 사는 모든 민족에서 독자적으로 추구되어 온 것이다. 우리는 그 이유는 알 수 없지만 인간만이 가진 지적 능력은 공통적으로 그러한 성향을 가지게 진화된 것이다.

인간이 사용하는 인과율의 근원은 자연 변화 현상의 학습에서 얻어진 물리적 인과율이므로 순수 관념 작업에서 사용하는 정성적 인과율도 물리 실체 세계에서 유래한 것이다. 따라서 인간을 포함한 만물의 물리적 존재와 변화에 관한 이치 즉 물리적 실체에 관한 진리를 추구하는 순수 관념 작업에서는 물리적 인과율에서 유래한 정성적 인과율이 유효한 것이다. 이는 지금까지 전통적으로 이론적 과학 연구에서 이루어진 작업의 도구이었다. 그러나 인간이 찾으려 하는 것이 물리적으로 실재(實在)하는 것이 아니고 관념 속에서만 존재하는 것이라면 이를 위해 인간이 물리적 인과율로부터 학습한 정성적 인과율을 적용하는 것은 학습된 적용 범위를 벗어나는 것이다. 즉 이로써 관념 속에 존재하는 진리에 도달할 수 있다고 기대하기 어렵다. 관념적 탐구 방법의 태생적 한계인 것이다.

예를 들어 아인슈타인이 믿고 싶어 했던 신은 스피노자가 주장한(그리스도교의 신과 같은 인간적인 신이 아닌) 자연신(자연 자체가 신이라는 범신론(汎神論))이었다. 스피노자의 정성적 논리는 '신이라는 정의(定意)상 신은 완전한 존재이다. 그러므로 인간의 숭배는 필요하지 않다.'라고 신의 완전성과 인간의 숭배를 대척시킨다. 한편 가톨릭교회에서 행하는

科學, 哲學, 神學의 아우름

미사 전례 중 감사송 기도문에는 '저희가 드리는 찬미가 아버지(神)께는 필요한 것이 아니나… 저희에게는… 도움이 되나이다.'라는 구절이 있다. 찬미가 필요하지 않는 神이지만 그에게 읍소함을 받아 줄 것이라는 믿음이 있는 것이다. 이 두 가지 주장들은 나름대로 호소력이 있는 것인데, 그렇다면 과연 신은 인간적인가 아닌가? 이 두 가지 주장의 상충성은 물리학에서 행하는 정량적 인과성 추적에서는 나타날 수 없는 것이다. 따라서 물리 실체 세계의 정량적 인과율에서 학습되어 나타난 정성적 인과론은 순수 관념 세계를 다룸에 있어 보편성이 담보되기 어려운 태생적인 한계가 있다. 정량적 검증이 불가능하여 불확실성을 내포하는 대상에 대해서는 정성적 인과론의 반복 적용은 무의미한 결론으로 향하게 된다. 따라서 인간은 순수 관념적 진리에 대해 매우 절제된 정성적 유추만을 할 수 있을 뿐이다.

물질도 에너지도 시공간도 존재하지 않게 되어 모든 것이 사라져 가는 곳에서는 인과론은 물론 정량화 계량할 수 있는 모든 것이 사라진다. 이 세계에서는 물리적인 대상의 부재로 인해 정량적 인과율은 적용될 수 없고 이에 함유된 보편성도 담보될 수 없다. 또한 물리적 인과율에서 학습된 정성적 인과율도 유효한 적용 범위를 벗어나는 것이다. 그러나 공간이 사라진 無의 세계에서의 진리 탐구를 위해 인간은 어쩔 수 없이 인간이 가진 마지막 탐구 도구인 정성적 인과율에 의한 순수 관념 탐구를 해야 한다. 유효한 적용 범위를 벗어나 정확할 수 없고 보편성도 담보되지 못하지만 이것이 과학에서 분기된 철학 진리 탐구의 한계인 것이다.

인간의 관념 작용은 의식적인 것과 무의식적인 것으로 구분할 수 있다. 의식적 관념 작용은 인간의 의지가 반영되는 관념 작용이므로 위에서 논의한 인간이 사용하는 인과율의 적용과 관련하여 두 가지로 나누어진다. 하나는 물리적 인과율을 의식적으로 준수하는 관념 작용이고 다른 하나는 물리적 인과율에서 벗어나는 범주를 포함하는 의식적 관념 작용이다. 전자의 대표적 예로서는 상대성 이론을 설명하는 아인슈타인의 상상 속 과학 실험을 말할 수 있다. 사실 과학적 인과율을 적용하는 상상 속 과학 실험은 이제는 흔히 사용되는 과학 연구 방법이다. 후자의 예로서는 인문 사회 분야의 학문 활동과 문학과 예술 등 창작 활동 등이 해당될 것이다.

무의식적 관념 작용은 생각하는 주체의 의지가 반영되지 않는 관념 활동이므로 그 대표적인 것은 두뇌의 기능 이상이나 약물 작용과 같은 원인에서 일어나는 관념 작용이다. 또 다른 매우 특이한 무의식적 관념 작용의 사례는 불가에서 이루어지는 무념무상 상태에서의 참선이나 그리스도교에서 행하는 관상 기도 등 주로 종교적 활동 중에서 접하는 깊은 정신적 몰입상태들이다. 이러한 관념 작용은 종교적으로는 신의 손길에 접하는 것이라고 표현되지만 뇌 과학에서는 뇌의 특정 부위가 집중적으로 사용되고 특정 상태의 뇌 기능이 지속되는 상태라는 것 이외에는 아직 어떠한 설명을 주지 못하고 있다.

물리적인 관점에서 관념 작용은 생화학적 반응과 전기 화학적 신호 체계로 구성된 두뇌의 물리적 기능 작용이므로 그것은 원리적으로 에너지의 성질과 확률론적 운동 법칙으로 표현될 수 있는 물리적 변화 작용이며 이들의 근원은 에너지의 나타남이므로 결국 에너지가 발원하는 공간이 소멸하는 無의 세계에 닿아 있는 것이다. 이상을 종합하면 인간의 관념 작용에 관한 이해는 다음과 같이 요약된다.

"인간의 지적 능력이 나타난 근원은 물론 인간의 순수 관념 추구 선택도 그 근본 원인은 無의 세계에서 기인한 것이다. 인간이 본능적으로 추구하는 정성적 인과 추적 습성은 물리적 인과율의 누적된 학습에서 기인한 것이다. 물리적 인과율은 물리 실체 세계에서 체득된 것으로 이를 적용하여 인간은 물리 실체 세계의 실재에 지속적으로 접근할 수 있었다. 그러나 인간이 찾으려 하는 것이 물리적으로 실재하는 것이 아니고 관념 속에서만 실재하는 것이라면 물리적 인과율의 학습으로부터 습득한 정성적 인과율의 지속적 적용만으로는 관념 속에 존재하는 사실에 접근할 수 없으므로 인간이 터득할 수 있는 것은 극히 제한된다. 무념무상의 깊은 기도 상태는 無의 세계와 닿아 있을 수 있는 것이다."

11
관념 실재(觀念 實在)

　그런데 과학의 정량적 인과율 탐구에서 분기되어 철학이나 신학의 수단인 정성적 인과율을 통해 접근하는 인간의 순수 관념 세계는 실재(實在)인가? 아니면 인간 두뇌의 관념 작용으로 꾸며 내는 허상(虛像)인가?

　우리는 우리의 일상생활 경험에 기초하여 구상(具象)적인 실체 세계를 구성하는 물질만이 현실 세계에 실재하는 실체라고 생각한다. 그런데 현대 과학이 밝혀내고 있는 것을 보면 물질은 에너지가 변신된 모습이라는 것이고 에너지는 홀연히 나타나고 사라지는 것이며 에너지의 근원은 공간인 것 같다는 것이 현대 물리학이 향하고 있는 탐구 방향이다. 그런데 물리 실체 세계의 인과율에 의해 볼 때 물리 실체인 공간은 어디에선가 발현해야 하고 그곳은 공간이 없는 無의 세계일 수밖에 없다.

　우리는 왜 내 몸과 같은 물리 실체를 현실 세계에 실재하는 것이라고 하는가? 그것은 물리 실체들의 변화 속성과 상호 작용 속성 때문이다. 내 몸은 끝없이 변화하며 내 몸의 오감을 통해 다른 것들을 느낀다. 변화하지 않으면 감각할 수 없고 상호 작용이 없으면 역시 감각할 수 없다. 물리 실체라 부르는 것을 구성하는 것은 질량을 지니고 변화하는 물질과 이 물질과 상호 작용할 수 있는 에너지로 구분되는데 질량은 에너지가 변모한 것이며 다른 에너지와도 상호 작용하는 것이다. 우리 오감의 감각 작용은 물론 두뇌의 지적 작용도 물질과 에너지의 이동과 변화에 의한 상호 작용으로 이루어진다. 따라서 실재하는 것들의 근본을 찾는다면 물질에서 에너지로 또 에너지가 발원되는 공간으로 그리고 최종적으로 공간이 발현하는 無의 세계에 이르게 된다. 그런데 그곳은 시간이 없는 곳이니 변화도 없고 질량과 에너지도 없는 곳이니 상호 작용도 없다. 즉 실재하는 것으로 생각해 온 물리 실체의 근원은 우리가 경험해 온 실재 속성을 갖지 않는다.

그렇다면 시공간의 나타남과 물리 실체로서의 속성이 소멸된 물리 실체의 근원은 물론 물리 법칙이라는 관념이 비롯된 근원 및 물리 실체의 모든 변화에 깃든 정향성(定向性)이 향하는 실재 역시 실재 속성이 없다고 실재하지 않는 것이라 할 수는 없다. 그런데 우리는 이것들을 인간의 관념 속에서만 접할 수 있으니 이를 관념 실재(觀念 實在)라 할 것이다. 그런데, 관념 실재는 어디에서 찾아야 할 것인가? 과학과 철학을 탐구하는 인간의 두뇌 속에만 흐릿한 정보 형태로 존재하는데 인간이 사라지면 이를 기록해 둔 책도 실재로써의 의미가 없는 것이고 우주 시공간 어디에서도 관념 실재는 찾아볼 수 없다. 우리는 그 실재를 다음 장에서 찾아 나선다.

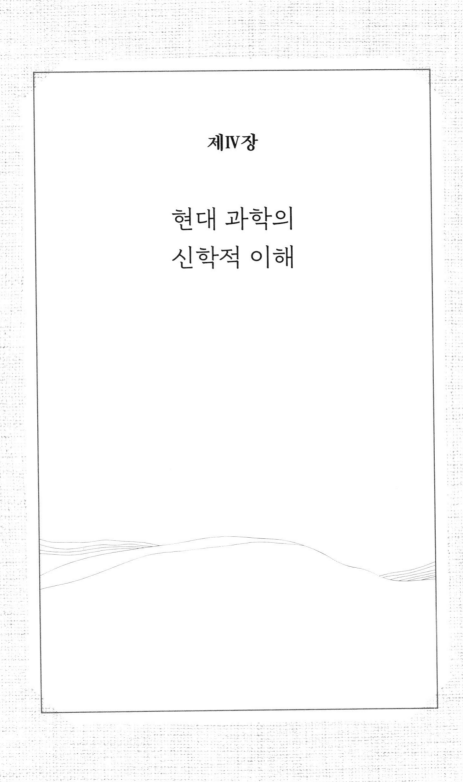

제IV장

현대 과학의
신학적 이해

제Ⅲ장에서 과학(科學)과 철학(哲學)의 분기에 관하여 관념적으로 검토된 바에 의하면 철학이나 신학(神學)은 과학에서 찾아낸 진리의 의미를 찾는 학문이 아니라 과학으로 더 이상 접근할 수 없는 관념 세계에 실재하는 진리를 찾는 새로운 연구의 길이다. 우리는 현대 과학의 현황과 그 발전 방향을 기점으로 절제된 수준의 정성적인 외삽(外插)을 통하여 현대 과학에 함유되어 있는 11가지 관념적 의미를 살펴보았다. 이 의미들은 관념 실재의 세계에서 존재와 인생에 대한 철학적인 진리를 찾아 나설 수 있는 새로운 단초가 될 수 있는 내용들이다. 그런데 철학은 관념 세계의 진리를 찾아 나설 도구이기는 하지만 관념 세계는 철학의 어디에도 실재(實在)할 수 없다. 우리는 우리의 관념 능력으로 찾아갈 수 있는 실재 세계를 신학 속에서 찾아보기 위해 신론(神論)을 추론한다.

神이 무엇인가 하는 문제는 시대마다, 사람마다 그 정의가 다양하지만 크게 두 가지로 나누어 볼 수 있다. 첫째는 아리스토텔레스의 '감각적이고 운동을 하는 존재들의 첫 번째 원인', 또는 안셀무스(Anselmus Cantuariensis, 1033~1109)의 존재론적 논증이나 토마스 아퀴나스의 우주론적

科學, 哲學, 神學의 아우름

증명처럼 철학적 논리에 의거하여 존재와 현상의 근원을 찾는 정의이다. 둘째는 삶을 통해 인간의 의식 속에 자리 잡게 된 신의 속성인 '전지전능하고 완전한 초월적 존재' 또는 '이승은 물론 저승도 관장하는 길흉화복의 주인' 등의 정의이다.

신 존재(神 存在)는 그리스 시대와 중세를 거쳐 오면서 종교 철학적인 논증이 발전되었으나 이 논증들은 근세 계몽주의를 겪으며 엄청난 철학적 비판을 받아 왔다. 이 비판들은 결국 신학과 과학의 결별로 이어졌고 신 존재 문제는 형이상학적인 결론을 내지 못한 상태로 묻혀 있게 되었다. 그런데 그로부터 백 수십 년이 지난 20세기 말부터 현대 과학의 성과에 힘입은 과학주의에 의해 '대중을 위한 과학 교육'이라는 운동을 중심으로 과학적 무신론이 확산되며 '세계관의 전쟁'이라고 불리는 유신론과 무신론의 대립이 재연되고 있다. 신론 공방은 100여 년 전과 진배없이 지속되고 있는 것이다.

프롤로그에서도 소개된 바 있듯이 과학은 관념적 학문인 철학과 신학 그중에서도 특히 신학과 거의 대척 관계에 있는 학문으로 인식되어 왔다. 인간 삶의 역사 속에서 나타난 깨달음이나 계시를 근거로 정성적인 논리 전개를 통해 주장하는 신학은 객관적인 관찰과 반복된 실험으로 검증하며 정량적 논리를 차곡차곡 구축해 온 과학적 사고방식과 대등한 입장에서 논의하기 힘든 것이었다. "과학적으로 확인된 것이야?"라는 한마디는 무식하지만 모든 정성적 논리 전개를 거부하는 무기였다. 본고에서는 그 정성적 논리를 현대 과학의 성취 결과와 발전 추세에서 도출한다.

또한 현대 과학에서 도출한 관념적 의미들의 자의적 상호 연계를 억제하며 신론을 추론한다. 이는 신뢰할 수 없는 괴리나 오류로 연결되는 정성적 논리의 태생적 한계의 우를 범하지 않기 위함이다.

신에 관한 문제를 다루기 위해서 여기에서는 먼저 근원을 찾는 논리적인 추론을 통해 신 존재 근거를 찾아내고 그다음 역사를 통해 인간이 느끼고 기대해 온 바와 같은 신의 속성은 어떻게 나타날 수 있는지를 짚어보기로 한다.

科學, 哲學, 神學의 아우름

1
신의 세계와 신 존재(神 存在)

가. 神의 세계

제Ⅲ장에서 우리는 현대 과학에 함유된 11가지 관념적 의미를 검토하였다. 관념 실재의 이해에서 우리는 無의 세계는 실재(實在)라는 결론에 도달했다. 시공간의 관념적 이해에서는 시간도 공간도 우주의 태초 시원(太初 始原)이 無의 세계라는 결론에 이르렀다. 그리고 물질 근본의 관념적 이해에서는 물리 실체의 현존 근원(現存 根源)이 無의 세계라는 결론에 도달했다. 이 세 가지를 합하면 '實在하는 無의 세계는 우주 만물의 태초 시원이자 현존 근원'이 된다. 신학적 표현으로는 '實在하는 無의 세계는 우주 만물의 시작인 창조(創造)가 나타난 태초 시원이고 현실에 존재하는 모든 물리 실체들의 현존 근원이다.'라는 표현이 된다. 그렇다면 實在하는 無의 세계는 물리 세계 모든 존재의 항상적(恒常的)인 근거가 되는 것이니 이는 바로 인간이 전통적으로 생각해 온 神의 세계라 할 것이다. 창조는 공간조차도 없는 無에서 공간과 시간과 만물이라는 유(有)가 나타난 것이고 無의 세계인 神의 세계는 우주 만물과 시공간을 함께하고 있다고 할 것이다.

태초 시원이며 현존 근원이라는 의미로써 물리 실체 세계와 神의 세계의 관계는 물속에 잠겨 있는 그물로 비유될 수 있다. 시공간은 그물 내부의 세계이고 물은 神의 세계라고 한다면 그물 안에는 물고기와 같은 물리 실체가 존재한다. 물이 있음으로 그물 속의 시공간이 나타났다. 시공간은 그물 속이지만 또한 神의 세계라는 물속이다. 神의 세계는 물리 실체의 태초 시원이며 현재 발현되고 있는 현존 근원이니 내 몸속을 포함한 삼라만상의 모든 곳은 시공간이 사라지는 모든 점에서 그물 속과 같이 神의 세계와 항상 접해 있다. 태초 시원인 神의 세계에서 시작된 공간에서 나타난 시간과 물리 실체의 씨앗은 시간에 따라 변화하는 성질을 지닌 물질세계를 이루게 되었고 변화의 결과는 생물과 인간이 존재하는 오늘에 이르게 되었다.

나. 신 존재(神 存在)

神의 세계는 물리 실체의 근본인 공간이 소멸하고 발현하는 곳이다. 그런데 공간을 발현하게 하는 원인이나 주체는 무엇인가?

제III장에서 살펴본 인과율에 관한 관념적 검토에 의하면 물리실체의 근본에 대한 인과율적 탐색은 시공간이 사라질 때까지만 반복될 수 있는 것이고 시공간이 사라진 無의 세계에는 인과율이 없으므로 적용될 수 없는 것이다. 따라서 인간은 神의 세계인 無의 세계의 내용을 더 깊이 탐색할 또는 추론할 어떠한 수단도 가지고 있지 않다. 그렇다면 인간은 물리 실체로서는 유일하게 순수 관념 작용을 통하여 관념 실재(觀念 實在)인

科學, 哲學, 神學의 아우름

神의 세계에 접근할 수는 있지만 물리 실체 세계에서 습득한 인과율에서 얻은 정성적 관념을 통해 인간이 알 수 있는 한계는 공간이 사라지는 곳에서 마지막 한 번의 정성적 추론을 적용하여 '神의 세계에서 무엇이 비롯되었다면 그 최종적 주체 또는 근본적 원인은 있다.'라는 정도에 그칠 수밖에 없다. 더 이상의 정성적 추론은 신빙성이 없으므로 의미가 없는 것이다.

우리는 神의 세계의 최종적 주체 또는 근본적 원인을 神이라 할 것인데 최종 또는 근본이라는 위상은 神의 유일성(唯一性)을 의미한다. 이는 제Ⅲ장에서 검토한 물리 법칙의 보편성에 관한 관념적 이해인 '모든 것의 근원은 유일해야 한다.'와 일치한다. 따라서 인간이 알아낼 수 있는 것은 '논리적 근원으로서의 神은 유일하고 神의 세계에 존재한다.'는 것까지이다. 神이 무엇인지 알아낼 수 있는 능동적 탐구 수단을 가지고 있지 않으므로 인간은 神을 알 수 없다. 이는 토마스 아퀴나스가 스토아 철학 논증을 통해 얻었던 '인간은 神을 알 수 없다.'와 일치하는 의미이다.

2
물리 실체 세계와 인간의 위상

가. 물리 실체 세계의 위상

실재하는 神이 근본 원인이 되어 神의 세계로부터 물리 실체세계가 비롯되었다면 神과 물리 실체 세계와의 관계는 무엇인가? 신학적 표현으로는 물리 실체 세계의 비롯됨을 창조, 神을 창조주라 칭해 왔고, 창조로 비롯된 모든 것을 피조물이라 불러 왔다. 즉 피조물은 물리 실체는 물론 물리 실체 세계에 존재하고 나타나는 현상 모두를 일컫게 된다. 따라서 공간과 그 구조 및 시간, 물질과 에너지 그리고 이들의 변화와 상호 작용을 관장하는 운동 법칙과 이에서 나타나는 자연 법칙들, 그리고 인과율과 그들의 보편성까지도 피조물에 해당한다.

앞에서 예시한 것처럼 물리 실체 세계는 시공간이라는 그물 속에 담겨 있고 그물은 神의 세계라는 물속에 잠겨 있다. 시공간이 사라지며 神의 세계와 만나는 점을 통해 神이라는 근본 원인은 물리 실체 세계 모든 존재인 피조물의 모든 일에 현존 근원(現存 根源)으로서 관계되고 있다. 신학적 용어로는 물리 실체 세계와 神의 세계와의 상관관계 나타남을 神의 섭리(攝理)라고 해 왔다. 제Ⅲ장의 보편성 검토에서 우리는 無의 세계에는 보편성이 담보되어 있지 않는다는 결론을 얻은 바 있다. 따라서 보편성도 사라진 神의 세계에서 나타나는 神의 섭리는 그 양상이 무한히 다양할 수 있을 것이고 이들로써 神은 피조물과 함께하며 피조물의 모든 일에 관여한다고 할 것이다. 그러나 불확정성 원리가 표현하는 바와 같이 이미 원자 수준의 크기인 물리 실체 세계 내부의 일에서도 물리 원리상 인간은 이를 결정론적으로 알아낼 수 없다. 즉 인간은 神의 섭리로 나타나는 무한히 다양할 물리 실체 세계의 일을 파악할 수 없다. 인간에게는 神의 섭리가 오묘하게 느껴질 뿐이다.

창조와 神의 섭리는 왜 나타나는가? 인간은 정성적 인과 추적 능력의 한계로 神의 세계에나 있을 그 이유를 찾아 알아낼 수 없으므로 물리 실체 세계의 보편적 성질에서부터 정성적 논리로 그 이유를 유추할 수밖에 없다. 제Ⅲ장에서 수행한 물질 변화의 정향성에 관한 관념적 검토 결과에 의하면 물리 실체 존재 전체가 無의 세계와 연결된 유일한 보편적 성질은 모든 물질의 변화가 안정 상태를 찾아가는 無의 세계로의 정향(定向)이라는 것이다. 이 정향성(定向性)은 무생물에서는 주어진 환경에 맞추려는 '수동적 반응'으로 일어나며, 생물에서는 환경변화를 따라가며 자기 시스템을 유지하고 증식하려는 '의지적 변화'로 나타나고, 인간에서는 환경을 극복하고 통제하여 영원한 삶을 추구하려는 '창의적 노력'으로 나타난다. 즉 정향성의 발로(發露)는 무생물에서 생물로 그리고 마지막에는 인간으로 그 정향(定向)된 내용이 영원 생명으로 한 단계씩 접근해 가는 '점진적(漸進的)인 상향적(上向的) 발전(發展)'으로 나타난 것이다.

무한한 종류의 화학 반응 중 매우 희귀한 확률로 나타날 복제 가능한 이중 나선 구조를 가진 분자가 나타났고 이어서 서로 다른 분자들이 모여 더더욱 나타날 확률이 희박한 생물 세포 구조가 형성된 것, 그리고 이윽고 순수 관념 작업 능력을 가질 수 있는 메타 인식 능력과 회귀적 사고 능력을 갖는 두뇌 구조를 가진 인간까지 나타난 것은 물리적 변화 과정의 확률로는 거의 0에 해당하는 물질 변화라고 할 수 있다. 그러나 원리적으로는 그 가능성이 열려 있는 것이므로 우호적인 환경이 오랜 시간 동안 지속됨에 따른 '자연의 우연한 변화'라고 보아야 할 것이다, 그러나 이러한 구상(具象)적인 물리적 진화의 결과가 추상(抽象)적인 영원한 삶을 추구하는 관념적 지향성의 '점진적 상향 발전'과 일치하는 것은 구상적인 세계에서만 성립할 수 있는 '자연의 우연한 변화'를 넘어서는 것이다. 신학적으로는 이를 '神의 의도(意圖) 내지 설계(設計)'에 의한 것이라고 할 것이다.

　물리 실체 세계 변화의 보편적 속성인 '안정된 상태로의 정향(定向)'은 신학적 표현으로는 '神의 세계에서의 영원 생명 추구(追求)'라고 할 것이다. 따라서 우리는 이러한 물리 실체 세계의 보편적 성질로부터 창조가 나타났고 神의 섭리가 항상 물리 실체 세계와 함께하는 유일한 이유는 모든 피조물을 영원 생명으로 초대(招待)하는, 즉 유한한 삶에서 무한한 삶으로 가는 구원(救援)으로 이끄는 것이라고 추론할 수 있다. 물리 실체세계의 위상은 바로 창조주의 구원 대상이라고 할 수 있는 것이다. 그렇다면 지금 이 순간에도 모든 곳에 작용하고 있는 神의 섭리는 모든 피조물을 영원한 생명으로 이끄는 창조주의 뜻에서 나오는 것이라고 할 수 있다.

나. 인간의 위상

제Ⅲ장에서 검토한 인간의 위상에 관한 관념적 이해의 결론에 의거, 인간은 물리 실체 중 유일하게 無의 세계에 근원을 둔 독보적인 지적 능력으로 순수 관념을 통해 관념 실재를 추적하고 神과 神의 세계를 찾아가려 노력하는 존재이다. 인간 주변에는 수억 년 전 고생대부터 나타난 은행나무나 중생대부터 나타난 바퀴벌레가 있고 고생물 중에는 수억 년 동안 존속해 왔던 생물종도 흔하게 있었지만 어느 누구도 나타난 지 겨우 350만 년 된 인간처럼 존재의 근본을 찾아 관념 실재인 神과 영원한 생명이 있을 神의 세계에 접근했었다는 흔적이 없다. 또한 현존하는 어떠한 물질도 어떠한 생물도 인간과 같은 관념 작용 노력을 하는 존재가 없다. 제Ⅲ장에서 수행한 인간의 위상에 관한 관념적 검토에서 얻은 결론을 적용하면 '神의 섭리의 한 가닥인 자연 법칙을 깨달으며 神의 세계를 찾고 순수 관념을 통해 영원 생명을 찾아가는 유일한 존재'라는 면에서 인간은 神의 구원 의지에 능동적으로 부응하고 있는 유일한 존재이다. 신학적인 표현으로는 '인간은 神에 가장 가까운 존재'라 할 것이다. '깨달음을 얻어 부처가 될 수 있는 존재', 또는 '神의 모상을 닮은 神의 자녀' 등의 신학적 개념은 바로 이를 일컫는 말로 이해할 수 있다.

영원 생명은 물리 실체 세계에는 존재하지 않고 神의 세계에만 존재하는 것이다. 따라서 인간이 추구하는 영원 생명의 실현은 물리 실체 세계가 아닌 神의 세계에서 이루어지게 된다. 물리적으로는 물리 실체 세계를 벗어난 후, 즉 죽어서 물질 요소로 분해되어 인간이라는 시스템이 소멸된 후 神의 세계에서 이루어지므로 인간은 죽은 후 神의 세계로 가는 셈이다. 그러나 물리 실체 세계에서 神의 세계로 갈 수 있는 것은 물질이나 에너지는 물론 인간의 관념조차도 불가능하다. 그러면 무엇이 어떻게 神의 세계로 갈 수 있는가?

3
신의 세계로의 소통과 영혼

가. 神의 세계로의 소통

물질의 근본인 공간이 神의 세계인 無의 세계에 닿아 있으므로 인간의 몸 세포를 구성하는 분자 속 원자들은 물론 끊임없이 핵융합 반응 폭발이 일어나고 있는 태양 속의 수소 원자 한 개 속에서도 시공간이 사라지는 곳을 통해 神의 세계와 맞닿아 있다. 즉 물리 실체 세계에 존재하는 모든 것은 神의 세계와 항상 맞닿아 있는 것이다. 두 세계는 神의 섭리에 의해 神의 세계로부터 물리 실체 세계로 소통된다. 앞에서 우리는 만물이 공간이라는 그물에 들어 있고 그 그물은 神의 세계라는 물에 잠겨 있다고 표현한 바 있다. 인간의 관념 작용에 관한 제Ⅲ장의 검토에서 얻은 결론을 적용하면 인간은 관념 작용을 통해 그물이라는 無의 세계 경계까지 도달할 수는 있지만 無의 세계로 들어가려 애를 쓴다면 이내 정성적 논리의 태생적 한계에 부딪쳐 길을 잃게 된다. 따라서 관념 작용으로 접할 수는 있되 들어갈 수는 없는 세상이니 그물 안이 훤히 들여다보이는 밖에서 공급되는 소통을 접할 수밖에 없을 뿐이다. 즉 인간은 수동적으로만 神의 세계와 접할 수 있으며 전술한 대로 神의 섭리를 능동적으로 알아낼 수는 없지만 그를 통해 전해 오는 소통은 관념을 통해 느낄 수 있다. 신학적 용어인 神의 계시(啓示)와 동일한 개념이다. 두 세계가 연결된 수동적 관계로 인해 인간은 오로지 神의 계시를 통해서만 神과 神의 세계에 대한 이해와 소통을 가질 수 있는 것이다.

神의 계시란 관념 작용을 통해 神의 세계로 들어갈 수 는 없지만 접할 수는 있는 인간의 마음에 와닿는 '신의 음성(音聲) 즉 말씀'이다. 이는 수동적으로만 神의 세계에 접할 수 있는 인간이 경험할 수 있는 자연스러운 현상이다. 인간은 관념 작용 속에서 의식적으로 또는 무의식 상태에서 마음의 문을 열 수 있지만 신의 세계에서 오는 메시지를 수동적으로 접하기 위해서는 마음을 무의식 상태에서 완전히 개방하는 온전한 수동적 자세가 필요할 것이다. 啓示까지는 아니라도 소위 신체험(神體驗)을 겪는 정신적 몰입 상태는 이와 유사한 것으로 이해된다.

나. 영혼(靈魂)

인간의 경험과 지식에서 영혼 또는 혼령(魂靈)이란 두 가지 모습을 하고 있다. 하나는 육체적 생명의 근원이며 육체가 죽은 뒤 저세상으로 향하고 그곳에서 살 것이라는 개념의 영혼이고 다른 하나는 이승에서 떠돌거나 우리 주변에 나타난다고 하는 혼령이다. 그러나 물리 실체가 아니며 실재한다고 가정해도 최소한 관념 실재와 유사한 존재이어야 하는 혼령은 물리 실체 세계에는 존재하지 않으므로 이승 우리 주변에 나타날 수 없다. 따라서 혹시라도 혼령의 작용과 유사한 물리 실체적 현상이 나타난다면 그것이 물리 실체 세계에 존재하는 혼령의 작용이 아니고 神의 세계에서 오는 소통에서 기인된 초현실적 현상일 수 있다.

신학에서 영혼의 정체에 대한 연구는 12~13세기 스콜라 철학(Scholasticism) 학자들에 의해 매우 깊게 논의된 바 있었는데 영혼이 육체의 형상(形相)이라는 철학적 주장과 하나의 실체(實體)라고 보는 종교적 주장이 논쟁의 핵심이었다. 물리적 실체인 인간의 존재와 연관되어 존재해야 한다는 과학적 안목에서는 육체의 형상이라는 주장을 하게 되고 종교적 구원의 주체적 대상이라는 개념에서는 인격적 권리를 갖는 실체라고 보는 것이었다. 그런데 위에서 논의한 바와 같이 인간은 자신의 관념 노력만으로써는 神과 神의 세계의 일을 알 수 없다. 따라서 여기에서는 영혼의 정체를 인간이 알 수 있는 범주인 神의 세계로 닿는 곳까지만 알아보기로 한다.

영혼이 우리 육체에 생명력을 주며 육체와 함께 물리 실체 세계에 실재하는 존재라고 가정한다면 육체가 죽은 후 육체와 함께 있던 영혼만이 神의 세계로 들어갈 수 있는 것은 아니다. 물리 실체 세계에서 神의 세계로 가는 것은 인간의 관념으로도 불가능하기 때문이다. 한편 물리 실체 세계에서 살다 죽은 후 神의 세계에서 영원 생명을 얻게 된다면 두 세계를 연결하는 그 무엇이 있어야 한다. 그 연결을 영혼이라 할 수 있는데 이는 神의 세계에서 물리 실체 세계로 오는 무한히 다양한 神의 섭리 작용의 하나로 이해할 수 있다. 이를 통해 물리 실체 세계에서 존재하는 동안 표출된 인간의 구원 추구 여정(旅程)이 神의 세계에 투영(投影)되는 것을 의미하게 된다. 즉 영혼은 神의 세계에서 인간에게 오는 일방적 소통 관계의 일환이라 할 수 있다.

　인간의 구원 추구 여정이 神의 세계로 투영된다는 것은 물리 실체 세계의 존재가 神의 세계에서 오는 섭리 속에 항상 머무름을 의미한다. 따라서 영혼이라는 일방적 소통 관계는 물리 실체 세계에서 머물며 영원 생명을 지향하여 구원을 추구하는 존재 즉 인간에게 항상 머무는 神의 섭리이며 정신 작용의 생명력이 될 수 있다. 모든 인간이 공통적으로 가지고 있는 양심(良心)이라는 마음은 이의 일부로 이해될 수도 있을 것이다. 또한 소통의 관계인 영혼을 통해 神의 세계에 투영된 구원 추구 여정의 최종 결과는 물리 실체 세계에서 살다 죽은 후 神의 세계에서 영원 생명으로 나타날 것이다. 즉 항상적(恒常的)인 신의 섭리(攝理)의 하나로서 인간의 육체와 정신에 작용해 온 영혼이라는 소통은 육체가 죽어 정신이 사라진 후 神의 세계에 죽은 인간의 삶을 투영하는 것이다. 그런데 제Ⅲ장에서 검토한 인간 위상의 관념적 의미에 의하면 인간만이 태생적으로 그의 고유한 두뇌 기능을 통해 순수 관념의 세계에서 영원 생명을 추구하는 존재이므로 영혼이라는 소통은 인간에게만 고유하게 나타날 것이다. 가톨릭 사제이자 신학자인 보로스(Ladislaus Boros, 1927~1981) 박사는 '죽음 후의 존재와 나타남(Sein und Werden nach dem Tod.).'이라는 1973년도 신학 묵상 강좌에서 '죽는 순간에 물질과 정신으로부터 물질과의 본질 관계(本質關係, ens quo)인 제3의 것이 나타난다.'라고 영혼을 표현한 바 있다. 본질 관계를 육체와 정신에 작용하는 神의 섭리에 의한 관계라고 이해한다면 위에서 제시된 '항상적(恒常的)인 신의 섭리(攝理)의 하나'라는 영혼의 개념은 '제3의 것'과 맞닿을 수 있는 개념으로 이해될 수도 있겠다.

4
신의 인격성

 인간의 역사 속에는 매우 다양한 神들이 나타난다. 태양이나 별이나 유성 같은 하늘의 존재들, 거대한 산이나 바다나 신비한 호수나 기묘한 형상을 한 바위 등 자연 환경들, 사람과 같은 사회 체계를 갖춘 그리스 신화의 神들, 돌아가신 조상들이나 역사 속의 인물들, 용이나 대형 파충류나 사자 같은 힘센 사나운 야수들, 소나 염소 등 인간 생활에 친숙한 짐승, 심지어는 큰 나무 등 식물에 이르기까지 인간이 생존 생식 활동에서 조우되는 다양한 대상들이 망라된다. 그런데 우리는 이미 신 존재(神 存在)의 검토에서 神은 물리 실체 세계가 아닌 神의 세계에 실재하는 유일한 존재이며 神의 세계는 무엇인지 알 수 없다는 결론을 얻은 바 있다. 따라서 물리 실체의 본질을 지닌 神들은 神이라 할 수 없다. 그런데 왜 인간은 神을 인격적으로 생각해 왔는가?

 제Ⅲ장에서 검토한 인간의 위상에 관한 관념적 의미에 따라 순수 관념 작용은 無의 세계 즉 神의 세계에서 기인한 것이다. 이로써 인간은 神의 섭리(攝理)를 느끼고 神이 보내는 소통을 접할 수 있는 유일한 존재이다. 또한 인간은 물리 실체 세계에서 죽고 분해되어 그 시스템이 소멸된 이후에도 영원 생명을 찾아 神의 세계로 진입하려고 애쓰는 물리 실체 세계의 유일한 존재이다. 비록 왕복성은 못 되는 편도성이지만 神과 소통을 할 수 있고 그 소통으로 영원 생명을 찾아 神의 세계로 진입하는 노력을 계속하는 인간에게 神은 각별하게 느껴지게 된다. 즉 神의 섭리(攝理) 체험이나 마음을 통한 계시(啓示) 등 소통의 순간에 인간은 神이 인간 자신에게 '말씀을 하는 존재' 즉 인격적인 존재로 느껴지게 된다. 인간은 神의 정체를 알 수는 없지만 인격적 존재로 느껴지는 것이다. 무한한 인격적 존재로 느껴지는 神을 아버지 또는 절대 군주라고 인식하는 것은 이러한 소치일 수 있다. 생물의 본성을 지니고 사회적 생활을 해 온 인간에게 그보다 더 좋은 이미지는 없기 때문이다.

인간을 神과 가장 가까운 관계로 있게 한 끈은 인간의 순수관념 능력이다. 그런데 이 능력은 시공간의 창조와 그 이후 진행된 물질 변화 및 생물의 진화 과정에서 표출된 神의 섭리에 의해 인간에게만 태생적으로 주어진 것이고 이의 연장선상에서 영혼을 통해 인간은 神의 세계로 연결되는 것이다. 이렇게 神의 각별한 시혜(施惠)를 받은 인간이 神을 아버지 또는 절대 군주라고 인식하는 것은 인간의 일방적 오해라고 치부할 수만은 없다. 신학적 용어로는 인간을 구원으로 이끄는 神의 은총(恩寵)인 것이다. 그렇다면 神은 인간의 아버지 또는 절대 군주 역할을 하는 인격적인 神이라 할 것이다.

인격적인 神이 창조주이며 神의 섭리를 통해 현존 근원(現存 根源)의 위치에서 물리 실체 세계를 관장하며 각별한 시혜(施惠)를 받은 인간에게 일방적 계시를 통한 소통을 한다면 그 소통은 '영원한 생명으로 이끄

科學, 哲學, 神學의 아우름

는 神의 역할'인 것이고 이는 인간의 긴 역사 속에서 인간이 느껴 온 바와 일치하는 것이다. 그렇다면 神을 알 수 없는 인간에게 神은 전지전능(全知全能)하고 무시무종(無始無終)하며 인간 역사와 함께하며 상선벌악(賞善罰惡)을 통해 인간 삶의 길흉화복(吉凶禍福)을 운영하는 절대적 존재로 각인될 수밖에 없다. 이것은 인간이 생겨난 이래 350만 년 동안 생존과 생식을 위해 자연의 도전에 대한 응전을 해 온 역사를 통해 경험으로 축적된 것이다. 물리 법칙이 제공하는 인과율을 터득하며 그 인과율에 부응하거나 인과율을 초월하는 역사의 우여곡절 속에서 세세 대대로 조상들의 무수한 삶의 애환을 통해 神의 손길을 느낀 경험들이 전승되고 누적되어 온 결과라고 볼 수 있다. 그렇다면 창조의 주인이요, 우주 만물의 현존 근원인 神의 攝理와 인간을 구원으로 이끄는 神의 손길에 대한 깊은 이해는 오로지 인간의 역사 속에서만 탐구될 수 있는 것이다.

이상으로 물리학을 중심으로 현대 과학에서 추출된 관념적 이해에 기초하여 신론(神論)을 추론해 보았다. 이 추론에 근거하여 神의 세계가 실재하므로 우리는 우리의 관념으로 찾아보고자 했던 관념 실재가 존재하는 곳을 찾아낸 것이다. 관념 실재(觀念 實在)는 無의 세계인 神의 세계에 실재한다. 철학과 신학은 공히 추상적인 관념을 도구로 관념 세계를 탐구하지만 관념 실재가 실재하는 곳은 신학이 말하는 神의 세계임을 확인한 것이다. 물리학은 神의 세계로 정향(定向)된 인간의 순수 관념이 작용하는 영역을 다루는 학문이 아니므로 여기에서 추론될 수 있는 신학은 神의 섭리가 작용하는 무한한 일 중에 극히 제한된 일부분만이 가능한 것이다. 인간 역사 속에서 드러난 크고 작은 계시와 인간의 삶 속에 엮어진 섭리를 통해 구현되어온 '인간을 영원 생명으로 인도하는 神의 손길'은 인간 사회와 그 역사를 다루지 못하는 물리학의 통찰만으로는 더 이상 다가갈 수 없는 한계인 것이다.

　적어도 지구 주변에서는 지구와 같이 생물이 태어나고 번성할 수 있는 환경을 갖춘 곳이 없다. 그러나 지구는 광대무변하게 느껴지는 우주에서 별다른 특색이 없는 평범한 변방에 위치한 아주 작은 행성이다. 이렇게 구석진 곳에 사는 인간이 인간적으로 인식되는 神의 세계와 神을 찾아낸 것은 오로지 영원 생명의 원천을 향하는 인간의 순수 관념 능력에 의한 것이다. 이 능력은 神의 시혜(施惠)로 인간에게 주어진 것이지만 과학의 관념적 이해만으로는 왜 우주의 변방에 사는 자신에게 이러한 시혜가 주어졌고 구원으로 인도되는지 알 수 없다. 이러한 神의 攝理는 시공간이 나타난 이후 전개된 인간을 중심으로 하는 구원 역사 속에 드러난 神의 자취에서 이해될 수 있을 것이다. 전통적인 신학 연구에서 다루어 온 내용들은 바로 이러한 노력들이라고 이해된다.

　과학에서 찾아질 수 있는 신학적 이해는 지금까지 이 책에서 다루어 온 내용 정도에 그쳐야 할 것이다. 인간을 영원한 생명으로 이끄는 神의 손길을 중심으로 하는 신학적 이해는 역사를 중심으로 하는 인문 사회 과학의 제 분야가 이룩해 온 결과를 대상으로 하는 추론 작업을 통하여 찾아져야 할 것이다. 제Ⅲ장과 제Ⅳ장에서 추출된 관념적 깨달음들은 이러한 추출 작업의 공통적인 기반이 될 수 있을 것으로 희망한다. 여기에서는 이러한 추론 작업의 편린으로서 신앙의 삶은 어떤 것일까를 짚어 보며 이 책을 마무리하기로 한다.

신앙의 삶

　神의 세계와 神을 알지 못하는 이들은 자신은 깨닫지 못하지만 이미 영혼과 관련되어 인간에게 닿아 있는 神의 손길인 양심(良心)에 따라 살게 되겠지만 神의 세계와 神을 아는 이들은 신앙(信仰)의 삶을 살고자 할 것이다. 신앙은 문자의 뜻대로 神을 믿어 섬기는 것이다. 영원 생명의 근원이 神에 있고 神의 세계에서 그것을 구현될 수 있음을 알았으니 神의 세계로 神을 찾아가도록 유한하게 주어진 삶을 정성껏 사는 것이 신앙생활일 것이다. 그런데 정성껏 사는 신앙생활은 어떤 삶을 의미하는가? 가장 옳은 길은 神의 섭리(攝理)와 계시(啓示)에 따라 사는 것이다. 그러나 웬만한 인간의 관념 능력으로는 神의 섭리를 깨우칠 수 없으며 삶의 지침이될 계시를 받기도 거의 불가능하다. 따라서 현실적으로는 역사상 계시를 접하고 전해 준 선각자들의 안내를 따라가는 길이 무난할 것이다. 그런데 우리는 위에서 정리된 현대 물리로부터 추론한 신론과 인간 역사에서 나타난 철학적 깨달음을 바탕으로 다음과 같은 신앙생활의 지침을 찾을 수 있다.

　제IV장의 첫머리에서 살펴보았듯이 인간이 깨달은 神에 관한 정의는 모든 것의 태초 시원(太初 始原)이며 우리 삶을 포함한 모든 현실 존재의 현존 근원(現存 根源)이고 전지전능한 길흉화복의 주재자이다. 따라서 인간은 근원을 향하여 정향(定向)되어 있으니 그 삶은 태생적으로 神을 향해 지향(指向)하는 것이 된다. 인간 역사에 나타난 전통적 표현으로는 이를 '경천(敬天)'이라고 한다. 절대자 또는 모든 것을 주재하는 무한한 존재라는 神에 대한 의식을 가진 인간이 본성적(本性的)으로 느끼는 '신에 대한 갈망(渴望) 또는 경외심(敬畏心)'은 바로 경천으로 향하는 인간의 본성(本性)이라고 할 것이다. 경천은 神을 향한 흠숭(欽崇)만을 의미하는 것은 아니다. 신을 흠숭한다면 당연히 神의 총애를 받고 神의 자녀 내지 백성이라고 느껴지는 자신을 거룩하게 하는 삶을 사는 것이 경천의 완성이 될 것이다.

인간은 순수한 관념 작용을 통해 비록 수동적이지만 神의 세계로 접근할 수 있다. 영원 생명을 찾는 인간의 순수 관념은 제IV장 인간의 위상에서 얻은 결론에 따라 다른 생물과는 달리 생존 생식 본능 이외에 神의 섭리로 인간에게만 주어진 관념이다. 그런데 역사상 나타난 인간의 마음에 관한 연구 결과는 자기 자신을 神과 神의 세계로 향하는 것 이외의 것도 포함되어 있다.

인간의 마음은 동양에서 발달한 성리학(性理學)에 잘 정리 되어 있다. 성리학에는 우주 만물의 근본과 이치를 다루는 태극론(太極論)과 이기론(理氣論) 이외에 사람의 마음을 다룬 심성론(心性論)이 있다. 성리학의 가장 최근 결과는 우리나라 조선시대의 성리학인데 그 심성론에서는 마음을 4단 7정으로 분류한다. 7정은 희(熹, 기쁨), 노(怒, 분노), 애(哀, 슬픔), 구(懼, 두려움), 애(愛, 사랑), 오(惡, 미움), 욕(欲, 욕망)이라는 인간의 감정을 분류한 것인데 이들은 생물적 생존 생식 본능과 어우러져 나오는 감정이고, 4단은 측은지심(惻隱之心, 불쌍히 여김.), 수오지심(羞惡之心, 부끄러움을 느낌.), 사양지심(辭讓之心, 겸손한 마음), 시비지심(是非之心, 옳고 그름의 식별)으로써 이들은 인간의 마음을 분류한 것이다. 이 중에서 생물적인 생존 생식 욕구처럼 자기 자신을 향하지 않는 순수한 관념 작용은 오로지 측은지심이다. 측은지심은 불가(佛家)에서 말하는 자비(慈悲)이며 그리스도교에서 말하는 이타적(利他的) 사랑이다. 4단 중 다른 세 가지는 자신을 향하는 마음이되 경천(敬天)의 자세에서 양심으로 나타나는 마음들이다.

자신의 영원생명을 지향하는 이기적 사랑 이외에 이타적 사랑의 마음이 神의 섭리(攝理)로 인간에게만 주어진 순수 관념의 또 다른 모습이라면 이는 창조와 현존 삶의 근본적 이유인 영원 생명에의 구원을 이끄는 경천(敬天)과 관련된 그 무엇이어야 한다. 즉, 마치 이기적 사랑이 자신을 사랑하여 경천을 향하는 거룩함을 지향하는 것처럼 이타적 사랑은 또 다른 경천의 모습으로 포함되어야 한다. 그것은 경천의 주체가 이타적 사랑을 받는 이라는 의미가 되는 '애인(愛人)'이라고 이해될 수 있다. 즉 자비 또는 이타적 사랑은 사랑을 받는 이웃으로 하여금 영원 생명을 추구하여 구원으로 갈 수 있도록 인도하는 도구가 되어야 한다는 의미가 된다. 애인은 사실 모든 피조물에게 영원 생명으로 향하는 정향(定向)을 줌으로써 '서로 도와 영원 생명으로 오라.'는 神의 뜻이라고도 할 것이다.

이상을 종합하면 신앙생활은 '敬天愛人'의 삶이다. 敬天은 신을 알아보고 섬기며 자신을 거룩하게 사는 삶이고 愛人은 이웃을 사랑하여 함께 영원생명을 얻는 구원으로 나아가는 삶이라 할 것이다. (끝)

에필로그

우리는 참으로 다행스러운 시대를 살고 있다.

끝이 날 수 없는 물리학이지만 이제는 끝을 찾아가는 방향을 짐작할 수는 있고, 그 방향으로 향하는 인간의 관념은 그 끝의 정체를 어렴풋이나마 느낄 수 있게 되었다.

이 책을 시작할 때 물었던 질문, "神을 봤어? 과학적으로 검증된 거야?"의 답을 찾아온 결과는 다음과 같다.

"神을 본 사람도 볼 수 있는 사람도 아무도 없다. 그 세계는 우리의 마음조차도 도달할 수 없는 곳이다. 그러나 조물(造物)을 보고 神을 느낄 수 있는 인간은 현대 과학이 지향하고 있는 탐구의 끝에서 無의 세계라는 神의 세계를 접(接)할 수 있다. 그곳은 관념 실재(觀念 實在)가 실재(實在)하는 세계이다."

지혜의 눈으로 그 세계를 찾아 무념무상(無念無想)의 경지(境地)에서 그 세계를 접하시고 그곳에서 발하는 섭리 속에서 신앙의 일치를 이루시길 빈다.

科學, 哲學, 神學의 아우름

ⓒ 오기환, 2022

초판 1쇄 발행 2022년 7월 5일

지은이   오기환
펴낸이   이기봉
편집   좋은땅 편집팀
펴낸곳   도서출판 좋은땅
주소   서울특별시 마포구 양화로12길 26 지월드빌딩 (서교동 395-7)
전화   02)374-8616~7
팩스   02)374-8614
이메일   gworldbook@naver.com
홈페이지   www.g-world.co.kr

ISBN   979-11-388-1082-1 (03230)